Willi Lambert
Gotteskontakt
Leben und beten mit den Exerzitien
des Ignatius von Loyola

Ignatianische Impulse
Herausgegeben von Stefan Kiechle SJ, Willi Lambert SJ
und Martin Müller SJ
Band 64

Ignatianische Impulse gründen in der Spiritualität des Ignatius von Loyola. Diese wird heute von vielen Menschen neu entdeckt.

Ignatianische Impulse greifen aktuelle und existentielle Fragen wie auch umstrittene Themen auf. Weltoffen und konkret, lebensnah und nach vorne gerichtet, gut lesbar und persönlich anregend sprechen sie suchende Menschen an und helfen ihnen, das alltägliche Leben spirituell zu deuten und zu gestalten.

Ignatianische Impulse werden begleitet durch den Jesuitenorden, der von Ignatius gegründet wurde. Ihre Themen orientieren sich an dem, was Jesuiten heute als ihre Leitlinien gewählt haben: Christlicher Glaube – soziale Gerechtigkeit – interreligiöser Dialog – moderne Kultur.

Willi Lambert

Gotteskontakt

**Leben und beten mit den Exerzitien
des Ignatius von Loyola**

echter

Bibliografische Information der Deutschen Nationalbibliothek

Die Deutsche Nationalbibliothek verzeichnet diese Publikation in der Deutschen Nationalbibliografie; detaillierte bibliografische Daten sind im Internet über <http://dnb.d-nb.de> abrufbar.

2. Auflage 2017
© 2014 Echter Verlag GmbH, Würzburg
www.echter.de
Umschlag: Peter Hellmund
Druck und Bindung: CPI - Clausen & Bosse, Leck
ISBN
978-3-429-03708-6 (Print)
978-3-429-04754-2 (PDF)
978-3-429-06168-5 (ePub)

Inhalt

5

Vorwort

Das vorliegende Buch ist aus dem öfters geäußerten Bedürfnis entstanden, in kurzer, verständlicher und umfassender Weise die wesentlichen Hilfen aus dem Exerzitienbuch des Ignatius von Loyola kennenzulernen bzw. zu vertiefen. Ihre Darbietung ist eine Mischung von methodischen Anregungen, persönlichen Erlebnissen und Zeugnissen sowie von Zitaten aus der Bibel und der ignatianischen Literatur.

Auf einige hinführende Abschnitte folgen jeweils für sich selber stehende Themen. Diese nehmen hauptsächlich die Hinweise zum Beten, Meditieren, Kontemplieren, Betrachten und zu anderen geistlichen Übungen aus dem Exerzitienbuch auf. Die Abschnitte von der »Mystik des Alltags« bis zum Ende möchten deutlich werden lassen, dass Gott sich nicht nur in »Gipfelerlebnissen« und intensiven Gebetszeiten dem Menschen zeigen kann, sondern ihm mitten in der Alltäglichkeit nahe ist. Gott erscheint nicht nur im flammenden Dornbusch (Ex 3,1–3), sondern er ist der Gott, der – wie es im Segen des sterbenden Mose heißt (Dtn 33,16) – mit seiner Gnade »im Dornbusch wohnt«, zwischen Stacheln und Blüten, im Staub des Alltags, im Konkreten hier und jetzt – »in allem«, würde Ignatius sagen.

Folgende Abkürzungen werden verwendet:

EB = Exerzitienbuch
BP = Bericht des Pilgers
BU = Briefe und Unterweisungen
(hrsg. von P. Knauer)
GGJ = Gründungstexte der Gesellschaft Jesu
(hrsg. von P. Knauer)
Memo = Memoriale von Pater da Câmara

1. Gotteskontakt: Ersehnen – Verspüren – Experimentieren

In einem Gespräch auf einer Parkbank beim Neptunbrunnen im Alten Botanischen Garten in München fielen einige Worte, die für das Leben und Beten von Ignatius besonders bedeutsam sind. Sie sollen am Anfang der Ausführungen stehen: Gotteskontakt – Ersehnen – Verspüren – Experimentieren.

Gotteskontakt – »In allem Andacht«

In den Erzählungen des Ignatius von Loyola aus seinem Leben und vor allem in seinem spirituellen Bestseller, dem Exerzitienbuch, den »Geistlichen Übungen«, beschreibt er verschiedene Weisen der Suche nach Gott und der Berührung durch ihn: Betrachtungen der Evangelientexte, Besinnungen auf das eigene Leben, stilles Verweilen in Andacht, die Sehnsucht nach Lebensgestaltung aus dem Liebeswillen Gottes heraus, lautes mündliches oder still innerliches Gebet. Ja schließlich kann jede Lebensäußerung, auch das Tun und Wirken eines Menschen, die Gottesbeziehung ausdrücken. Das Wort »Gotteskontakt« scheint geeignet, die umfassende Verbindung des Menschen mit Gott ausdrücken zu können. Ignatius hat in seiner Muttersprache Spanisch ein eigenes Grundwort für die Gottesbeziehung: devoción, auf Deutsch übersetzbar mit »Andacht« oder zutreffender und umfassender mit »Hingabe«. Und so schreibt er einmal an einen Mitbruder, dem es um längere Zeiten des Gebetes geht:

Er halte es für besser, bei allem Andacht (devoción) zu haben als nur beim Beten bzw. Arbeiten.

Ersehnen – Der Anfang von allem

Das häufig zitierte Wort von Nelly Sachs »Alles beginnt mit der Sehnsucht« ist geeignet, eine menschliche Urbewegung auszudrücken, die auch für Ignatius ein zentrales Geschehen ist. Dies wird deutlich, wenn er selber in verzweifelten Situationen zu Gott aufschreit. Besonders aber darin, dass er vor jeder Zeit der Meditation, des Gebetes, den Menschen einlädt, sich zu fragen, welche Sehnsucht ihn bewegt, ja vielleicht sogar in ihm brennt. Und diese soll er dann zum Ausdruck bringen als Bitte, als Wunsch. Ein Mensch, der Kontakt mit Gott sucht, tut gut daran, in Kontakt mit sich selber und seinem Sehnen zu leben. Wenn der heilige Augustinus einmal davon spricht, dass die Sehnsucht nach Gott das »immerwährende Gebet« sei, unterstreicht dies die Bedeutsamkeit des Verlangens und unruhigen Suchens, das erst in Gott zur Ruhe kommt. In allen Phasen der Sehnsucht – in der des Mangels, der Hoffnungen und der Erfüllung – offenbart sich die Lebenswirklichkeit des Menschen.

Verspüren – Gott, so fern und so nah

In einem Gespräch machte Ignatius einmal die Aussage: »Ich glaube, ich könnte nicht leben, wenn ich nicht in meiner Seele etwas verspüren könnte, das nicht von mir kommt und auch sonst von niemandem, sondern nur von Gott.« Eine Aussage, die es in sich hat. Es geht um die eigene Existenz, um Leben und Tod. Darin liegen vor allem zwei Botschaften, die zusammengehören: die eine, dass Gott »der ganz andere ist«, und die andere, dass er ganz nahe ist, sich verspürbar macht. Ohne diese Spannung kann Ignatius nicht leben.

Experimentieren – Glaube, Hoffnung, Liebe »ganz haben«

In seinem autobiographischen »Bericht des Pilgers« erzählt Ignatius davon, wie er Experimente macht mit der Gestaltung seines Lebens. Beispielsweise, dass er auf den Schutz von Reisebegleitern verzichtet, um immer mehr aus dem Vertrauen auf Gott zu leben. Er »wünschte, drei Tugenden ganz zu haben: Liebe, Glaube und Hoffnung« (BP 35). Er hat sich auf existentielle Experimente eingelassen, hat sich selber als Einsatz im Spiel des Lebens zu geben versucht, um in seiner Lebensgestaltung die drei Tugenden zu verwirklichen. Dabei hat er den Gott gewonnen, der sich selber im »gottmöglichen Maß« dem Menschen hingibt (vgl. EB 234).

2. Pilger und Beter

Ignatius beim Beten zugeschaut und zugehört

Was gibt es zu sehen und zu hören, wenn man einen Blick auf Ignatius' Gebetsweg wirft? Sicher ist das Kind Inigo, geboren 1491 auf Schloss Loyola im Baskenland, in die üblichen Gebete, ins Morgengebet und Abendgebet, eingeführt und gesegnet worden und hat das Kreuzzeichen gelernt, worüber er später selber eine kurze Betrachtung schreibt. Er lauschte auf das Beten der Erwachsenen, lernte das Vaterunser und Ave Maria, nahm an den Messfeiern teil, lief bei Prozessionen mit und stimmte in die Gesänge ein. Beten »nach der Gewohnheit«, so wie es von Jesus heißt, dass er nach seiner Gewohnheit in die Synagoge ging.

Anders, innerlicher, persönlicher wurde Ignatius' Beten, als er 1521 infolge einer schweren Kriegsverletzung sterbenskrank lange Zeit im Krankenbett lag und dort seine Innenwelt, seine Regungen wahrnahm und das Buch von Ludolf von Sachsen über das Leben Christi mit seinen an den Evangelien orientierten Betrachtungen las und meditierte. Dort und damals richteten sich sein Beten, seine inneren Gespräche immer mehr auf Christus hin aus, mit dem und auf dessen Spur er leben wollte. In der täglichen »Gewissenserforschung« brachte er sein Leben und Erleben in Verbindung mit Gott. Zu einem Schrei aus der Tiefe kam es, als er in eine spirituelle Krise geriet, die schließlich in ihm Gedanken an Selbstmord aufkommen ließ. Die monatelange »Auszeit«, die Ignatius sich in Manresa nahm, ließ ihn täglich bis zu sieben Stunden in der Stille, im Gebet, in der Meditation, in der Gottsuche verharren. In dieser Zeit machte er viele und intensive innere Erfahrungen der Nähe Christi, erlebte er Ekstasen und eine so fundamentale Gotteserfahrung, dass er sich danach »als ein anderer Mensch« erlebte. Dieses umfassende »Tiefen- und Gipfelerlebnis« bildete fortan die Mitte und Grundlage seiner Existenz (vgl. BP 30).

Trotz dieses intensiven Rückzugs in die eigene Innenwelt mit entsprechenden starken seelischen Erfahrungen brachte er sich selber, sein Leben, seine spirituelle Suche in vielen Gesprächen immer auch in Beziehung zu anderen Menschen (BP 26). Die Geschichte des Betens von Ignatius zeigt, wie sein Beten sich mit seinem Leben entwickelte und seine Gestalt in immer neuem Suchen und Finden entfaltete. Die Exerzitien, »seine Exerzitien«, die aus seinem Gebetsleben und Lebensgebet heraus erwuchsen, sind eine »Gebetsschule« für jeden, der sich darauf einlässt. Vor allem auch in den so genannten Zusätzen zum Beten und Meditieren wird dies deutlich.

Mit 53 Jahren (!) nahm er noch einmal eine entscheidende Ausrichtung und Vertiefung seines seelisch-spirituellen Lebens wahr: Nach einem sich über Wochen hinziehenden Prozess schrieb er in sein Tagebuch, endlich habe er den Weg gefunden, der »sich ihm zeigen wollte« – der Weg der »ehrfürchtigen Liebe« zu Gott, zum Kosmos, zur Natur, zur ganzen Wirklichkeit. Dies erfuhr er als die Grundqualität seiner Beziehung zu allem (vgl. GGJ S. 399; 400; 402; 404). Gestorben ist er – und auch dies mag kennzeichnend sein für ihn – allein; nur der Krankenpfleger hörte als letzte Worte »Ay Dios, Ay Jesus« – »O Gott, O Jesus«. War es ein Schmerzensruf? Ein Aufjubeln: endlich!? Oder beides? Gott weiß.

Der Blick auf den Gebetsweg von Ignatius kann die Einladung sein, gelegentlich selber auf die Geschichte des eigenen Betens zu schauen. Franz Xaver, einer der vertrautesten Gefährten von Ignatius, schreibt einmal, wenig helfe mehr auf dem geistlichen Weg, als gelegentlich auf das Wachsen und Werden des Betens zu schauen.

3. Typisch ignatianisch

Was ist für das geistliche Leben und Beten von Ignatius kennzeichnend und wozu kann man sich dadurch vielleicht auch anregen lassen?

Ein weites Feld – alles kann zu Gebet werden

In der ersten Vorbemerkung seines Exerzitienbuches spricht Ignatius nicht vom »Beten«, sondern von »geistlichen Übungen« und in diesem Rahmen von Besinnung, Gewissenserforschung, Meditation usw. Geistliches Geschehen, Leben aus und im Geist, darum geht es. Es finden sich einige Stellen in seinen Briefen, die zeigen, wie er den Begriff und das Geschehen des Betens ausweitet: Arbeit kann Gebet sein, Kranksein kann Gebet sein, ja Muße kann Gebet sein. Gottesbegegnung, Gotteskontakt kann in allem geschehen. Das ist ganz und gar die Sicht von Ignatius: In allem – Gott!

Einem Mitbruder, der meinte, die Jesuiten dürften gar nicht laut sagen, wie wenig Gebetszeiten sie wahrnehmen, und bat, Ignatius solle doch vorschreiben, man soll täglich einige Stunden dem Gebet widmen, antwortete Ignatius in einem Brief: Er hielte es für besser »in allem Andacht zu haben«. Gemeint ist damit »liebevolles Hingegebensein«, die schon erwähnte »devoción«. »Hingabe« ist die zentrale Aussage und Kennzeichnung für das fundamentale religiöse Geschehen sowohl Gott wie dem Menschen und dem Leben gegenüber. Es ist der Rhythmus von Empfangen und Geben, von Hinnehmen und Hingeben. Dies sind auch die Worte, mit denen Ignatius das Geschehen von Lieben umschreibt: »Die Liebe besteht im Mitteilen von beiden Seiten« (EB 231).

Beten – mit dem Herzen und allen Kräften

Wenn von Spiritualität gesprochen wird, dann auch sehr oft von »ganzheitlich«. Dahinter steckt die Erfahrung, dass es bei der Meditation, in der Spiritualität um den ganzen Menschen geht. Darum könnte man die Weisung Jesu zum Lieben als Mitte seines Lebens und seines Verständnisses von Beten verwenden und sagen: »Zu Gott beten mit ganzem Herzen, ganzer Seele, allen Kräften und ganzem Denken«. Bei Ignatius wird diese Sicht ganz deutlich: Er lebt von seiner Herzmitte her die Gottesbegegnung, er kultiviert die Aufmerksamkeit auf die seelischen Regungen, spielt mit der Vorstellungskraft und Phantasie und lässt alle Weisen von Nachdenklichkeit, Besinnung, Lebensweisheit zum Einsatz kommen. Gedächtnis, Verstand und Wille (als Liebesaffekt) sollen im Beten ins Spiel kommen (vgl. EB 50). Warum auch sollte eine bestimmte Seite und Saite menschlicher Wirklichkeit in der Gottesbeziehung keine Rolle spielen dürfen? Die Psalmen sind ein Zeugnis für dieses »ganzheitliche« Beten im Jubel und Klagen und Fragen und Anvertrauen, im Kämpfen und stillen Ruhen.

Ein »großer Beter« – ein freier Mensch

Als einmal Mitbrüder von einem anderen bewundernd sagten, er sei »ein großer Beter«, meinte Ignatius nur kurz: »Ja, er ist ein freier Mensch«. Genauer zitiert, hieß es, er sei ein »abgetöteter Mensch«. Das

Wort ist mehr als missverständlich, gemeint ist damit, dass ein Mensch nicht von sich selber, von seinen Ideen, Gefühlen, Vorlieben völlig beherrscht sein soll. Beten, den Exerzitienweg gehen, heißt für Ignatius wesentlich, sich auf einen Befreiungsprozess einzulassen. Ohne diese wachsende Freiheit sei überhaupt kein geistlicher Fortschritt möglich (EB 189). Gute Exerzitien gemacht zu haben heißt, freier geworden zu sein: »Das Netz des Jägers ist zerrissen und wir sind frei« (Ps 124,7). Ignatius spricht dabei von der Indifferenz (EB 23), oft auch als »Freiheit des Geistes« bezeichnet. Und so sagt er einmal: »Lass dir die Freiheit, das Gegenteil zu tun von dem, was du jetzt tust, niemals nehmen!« Dies ist wahre Gelassenheit, die aus der Herzensfreiheit heraus leben und handeln lässt.

»Methodist« oder »Was je mehr hilft«?

Die vielen Äußerungen zum Beten bei Ignatius legen die Sicht nahe, dass Methodisches bei ihm eine große Rolle spielt. Allein 20 Vorbemerkungen im Exerzitienbuch und dann noch viele weitere zusätzliche Bemerkungen im Laufe der Kapitel, die das Beten betreffen! Das ist wirklich nicht jedermanns Sache! Andererseits ist es die Erfahrung von vielen Menschen, dass sie, wenn sie sich ruhig, frei und gut beraten auf den Gebetsweg begeben, viel Hilfreiches lernen können von der Erfahrung anderer. Solche Lernerfahrungen hat Ignatius in seinen »Geistlichen Übungen« gebündelt. Zum Glück stehen seine Hinweise alle unter dem oft wiederholten Vorbehalt: Was je mehr hilft! Nicht umsonst wird die jesuitische Eigenart gern witzig und geistvoll ausgedrückt mit der Formulierung: »SJ«

(= Societas Jesu) heißt »System-Je-nachdem«. Also: Was hilft wem jetzt wohl am meisten? Dahin geht die Einladung.

Das Allerbeste – Beten auf dem Exerzitienweg

Im Zug von Rom nach München. Eine evangelische Journalistin erzählt in einem fast schon schwärmerischen Ton, wie es für sie wichtig war, in Indien eine Weise der Meditation zu entdecken. Als ich ihr auf ihre Frage hin vom Exerzitienweg des Ignatius erzähle, reagiert sie: »Ach, dann hätte ich ja gar nicht unbedingt nach Asien müssen.« Vermutlich war diese Zeit für sie wichtig gewesen, aber es ist gut zu wissen, »auch wir« haben nicht nur »Einzelgebete«, sondern Gebetswege – so, neben anderen, den Exerzitienweg des Ignatius. Von ihm schreibt er einmal in einem Brief an seinen Beichtvater Miona: Die Exerzitien sind doch »das Allerbeste, was ich in diesem Leben denken, verspüren und verstehen kann«. Wovon lebt dieses »Allerbeste«, in wenigen Worten gesagt?

– Die Exerzitien sind aus der konkreten geistlichen Glaubens- und Lebenserfahrung eines suchenden Menschen erwachsen und können deshalb Hilfe sein. Die Exerzitienerfahrung von Ignatius ist nicht nur ein subjektives Lebenszeugnis geblieben, sondern ein Weg, der auch für andere begehbar ist.
– Exerzitien sind ein sehr zeitintensives Geschehen und darum geeignet zur Vertiefung, ob es nun eine Woche oder wie in der ursprünglichen Form 30 Tage sind: Vier oder mehr Stunden der Meditation, des Gebetes jeden Tag und das Leben in einer gesammelten Atmosphäre sowie das tägliche Begleitge-

spräch sind zumindest anfangs eine nicht geringe Herausforderung.

– Eine große Wirkkraft entfaltet die Stille, die Zurückgezogenheit, die »Entschleunigung«. Sie helfen zur Annäherung an die Wirklichkeit des eigenen Lebens und Gottes Wirklichkeit und zur Achtsamkeit für das Wirken seines Geistes (EB 20).

– In Einzelexerzitien stehen der Weg, die Geschichte, das Fragen und Suchen der je einzelnen Person im Vordergrund. Es geht um Selbstwerdung.

– Die täglichen Begleitgespräche helfen zur Anpassung an die Situation der einzelnen Personen. Sie sind oft auch eine Art exemplarische Kommunikation, in der in einem Raum des Vertrauens Leben sich zeigen kann mit all seinen Höhen und Tiefen.

– Exerzitien sind ein durch Jahrhunderte bewährter Weg, der immer wieder auch den jeweiligen Zeitverhältnissen entsprechend gestaltet wird.

Der Weg des siebenfachen Ja

Wer das Exerzitienbuch aufschlägt, wird als inhaltliche Einteilungen entdecken: Vorbemerkungen zum Exerzitienweg, Prinzip und Fundament, erste und zweite und dritte und vierte Woche, Regeln (für den Alltag). Hinter diesen Worten verbirgt sich eine spirituelle Struktur, nicht nur eine zeitliche Einteilung. Diese kann einfach und natürlich auch vereinfachend mit einem siebenfachen Ja gekennzeichnet werden, das den geistlichen Weg des Menschen kennzeichnet. Biblischer Hintergrund für den Ja-Weg ist eine Stelle im zweiten Brief an die Korinther: »Jesus Christus ist nicht als Ja und Nein zugleich gekommen, in ihm ist das Ja verwirklicht. Er ist das Ja zu allem, was Gott verheißen hat. Darum rufen wir durch ihn zu Gottes Lobpreis auch das Amen« (2 Kor 1,19–20).

– Das Ja zur Sehnsucht nach erfüllterem Leben und Lieben können die Vorbemerkungen zum Ausdruck bringen. Sie haben den Menschen im Blick, der Vertiefung und endgültigen Sinn seines Lebens sucht.
– Das Ja zum Leben aus Gott bringt das sog. »Prinzip und Fundament« zur Sprache: Leben erfüllt sich, wenn der Mensch Gott Gott sein lässt und selber immer mehr Mensch wird in der Pflege von Dankbarkeit, liebevoller Ehrfurcht und im Dasein-füreinander, im Wachsen der Freiheit.
– Das Ja zur versöhnenden und neu schaffenden Liebe steht im Mittelpunkt der so genannten ersten Woche. Es geht hier um Begegnung mit den Dunkelheiten, Abgründen, Verletzungen, Schuldgeschichten des Lebens und deren Erlösung, Heilung, Versöhnung.
– Das Ja zur Lebens-Gemeinschaft wird in der zweiten Woche angefragt. Hier geht es darum, Jesus Christus und sein Evangelium als einen, vielleicht *den* Weg zu Gott zu entdecken und in seinen Spuren zu gehen und zu leben.
– Das Ja der Liebe bis zuletzt wird im Blick auf Jesus in der dritten Woche vor das Auge des Herzens (vgl. Eph 1,18) gestellt. Jesus ist in Auseinandersetzungen, gegen Widerstände, in Erfahrungen von Ohnmacht den Weg zur großen Liebe gegangen; hat sein Leben verloren und es so gewonnen. Der Blick auf sein Leben, Sterben und Auferstehen kann zur Frage an das eigene Leben werden.
– Das Ja zur auferstandenen Liebe in der vierten Woche der Exerzitien mit seiner großen Meditation,

»um Liebe zu erlangen«, bezeugt und stärkt den Glauben und die Hoffnung auf den »Gott in allem«, auf den Sieg der Liebe über Sünde und Tod.
– Das Ja zur alltäglichen Liebe zeigt sich in den verschiedenen Regeln zum Essen, zum Umgang mit Geld, zur Entscheidungsfindung, zum kirchlichen Leben usw.

Pater Pedro Arrupe, ein vormaliger Generaloberer der Jesuiten, antwortete einmal auf die Frage von Jugendlichen, wie er den christlichen Glauben mit einem biblischen Wort zusammenfassen würde, mit dem kürzesten biblischen Glaubensbekenntnis: »Amen Alleluja« (Offb 19,4). Zwei Worte und ein ganzes Leben.

4. Beten – Gott probieren

Der Kern: Wo »Gott sich mehr mitteilt«

Einer der aussagekräftigsten Briefe zum Beten ist das Schreiben von Ignatius vom 20. September 1548 aus Rom an den Herzog Francisco de Borja, Herzog von Gandía. Er wird später selbst Generaloberer der Jesuiten sein. Die wohl wichtigste Botschaft lautet: Wenn es auch verschiedene Gebetsstufen gibt, »so ist doch für jegliches Individuum derjenige Teil viel besser, wo Gott unser Herr sich mehr mitteilt« (BU 248). Dieses Wort trifft ins Zentrum. Im Beten geht es zunächst und zuletzt nur um das eine, man könnte biblisch sagen »das eine Notwendige«, um die Mitteilung Gottes. Und wie und wann sich Gott dem Einzelnen mitteilt, das ist erstlich und letztlich seiner Initiative zu verdanken.

Auf einem der Höhepunkte seines Exerzitienbuches – in der »Betrachtung, um Liebe zu erlangen« (EB 230–237) – bringt Ignatius zum Ausdruck, dass die Liebe darin besteht, sich einander mitzuteilen. Gott ist für ihn ein ganz und gar mitteilsamer Gott: Er gibt sich in der ganzen Schöpfung, in allen guten Gaben, in aller Befreiung und Erlösung, im Geschenk von Hoffen – Glauben – Lieben. Und darin, so Ignatius, wolle Gott nur zeigen, wie der »Herr sich mir … zu geben wünscht, so sehr er kann« (EB 234). Gott gibt sich dem Menschen im gottmenschlichen Maß, könnte man sagen. Und dies allein erfüllt den Menschen: »Gib mir nur Deine Liebe und Gnade, das ist mir genug« – »Ésta me basta« (EB 234).

Aus dem Gesagten wird deutlich, dass nichts so wichtig und hilfreich ist auf dem Gebetsweg, als sich in einer Besinnungszeit zu fragen und hinzuspüren: Wo ist Gott? Wie teilt er sich mir mit? Wann habe ich eine Ahnung von ihm bekommen? Wann vielleicht mit ihm gekämpft? Wie suche ich nach ihm? Und man kann noch fundamentaler fragen: Wer ist Gott? Wer ist Gott für mich? Als wer hat er sich mir offenbart? Habe ich einen Namen für Gott? Oder viele?

In einem anderen Brief an Francisco de Borja gibt Ignatius eine universale Suchrichtung auf Gott hin an. Er ist überzeugt, »dass die Personen, die aus sich herausgehen und in ihren Schöpfer und Herrn eintreten, ständige Hinwendung, Aufmerksamkeit und Tröstung erfahren und das Verspüren, wie unser ganzes ewiges Gut in allen geschaffenen Dingen ist, indem es allen das Sein gibt und sie durch sein unendliches Sein und seine Gegenwart darin bewahrt« (BU 104).

Gebetswege ausprobieren

Die grundlegende Botschaft über das Beten – schau, wo sich dir Gott am meisten mitteilt – birgt in sich unmittelbar eine zweite: Lass dich darauf ein, Beten auszuprobieren: »Damit nun mittels seiner göttlichen Gnade diesen Weg zu finden, hilft es sehr, auf viele Weisen zu suchen und zu probieren, um auf dem Weg zu wandeln, der einem mehr erläutert wird: der glücklicher und seliger in diesem Leben ist ...« (BU 248).

Dies kann zunächst einfach heißen, sich Fragen zu stellen: Wie schaut mein Beten aus? Welche Weisen des Betens kannte ich bisher? Wie ging es mir damit? Was habe ich aufgegeben und warum? Wie wurde ich weitergeführt? Spüre ich eine Lockung zu einer Weise des Betens? Stieß ich auf eine Gebetsgruppe, fand ich ein hilfreiches Buch?

Es gibt viele Namen und viele verschiedene Gebetsweisen: das gereimte Nachtgebet aus der Kinderzeit, liturgische Gebete, das Vaterunser, das Jesusgebet, Schriftmeditation, Loben-Danken-Bitten, das freie Herzensgebet, Stoßgebete, schweigendes Dasein, wortarmes Beten, kontemplatives Beten, Atemgebet, Rosenkranz usw. Ignatius selber war ein großer »Ausprobierer«, einer, der Experimente mit seinem Leben und dem Beten machte bzw. wahrnahm, dass etwas in ihm wachsen wollte. *Wachsam wahrnehmen, was werden will,* könnte ein gutes Leitwort sein.

Von der »Leichtigkeit, Gott zu finden«

Ein fast atemberaubendes Zeugnis von seiner Gottessuche findet sich bei Ignatius am Schluss seines »Bericht des Pilgers«. Wenige Jahre vor seinem Tod, der ihn im Alter von 65 Jahren ereilte, erzählt er, es habe »seine Andacht immer mehr zugenommen, das heißt die Leichtigkeit, mit Gott in Verbindung zu treten, und diese sei jetzt größer als je sonst in seinem ganzen Leben. Immer und zu jeder Stunde, wann er finden wollte, könne er Ihn finden« (BP 99).

Ermutigt dieses Zeugnis? Verführt es dazu, skeptisch zu denken, dies sei eben etwas für Heilige, aber nicht für uns Allerweltschristen? Oder lädt dieses Zeugnis dazu ein, Gottes Nähe nicht nur im Schweren, im Gotteskampf zu suchen? Vielleicht ist er auch im Leichten? Im Leisen? In einem zarten Anhauch? Im Allerleisesten in mir? Hat er sich uns nicht schon gegeben? Heißt Beten vielleicht auch: lauschen auf den leisen Pulsschlag des Herzens? Auf Gottes Stille in allem Lauten?

5. Spiritualität – Wahre Lebendigkeit

»Geistliche Übungen« lautet der Titel des geistlichen Bestsellers von Ignatius. Darum lohnt es sich und ist notwendig, die beiden Worte »geistlich« und »üben« ein wenig zu erklären. Zunächst: Was ist mit Spiritualität, geistlichem Leben gemeint? In einer Meditation im Exerzitienbuch lässt Ignatius bitten um »Erkenntnis des wahren Lebens«, das der »höchste und wahre Anführer« zeigt, und »um Gnade, Ihn nachzuahmen« (EB 139). Dies könnte man als eine Umschreibung von Spiritualität gelten lassen: wahre Lebendigkeit. Und diese nicht nur zu erkennen, sondern aus ihr heraus zu leben – in der Verbundenheit mit Christus, dem »verdadero capitán«, dem wahren Anführer des Lebens.

Spiritualität – Glaubend-hoffend-liebender Umgang mit Realität

Der Begriff »Spiritualität« hat in den letzten Jahrzehnten eine gewisse Wortkarriere gemacht. Man weiß vielleicht nicht so ganz genau, aber doch ungefähr, was er bedeutet. Er hat zu tun mit Religiosität, mit Frömmigkeit, geistlichem Leben, Selbstverwirklichung, Esoterik, Meditation usw. Was bedeuten also Spiritualität und spirituelles Leben und spirituelle Übung?
Spiritualität kommt vom lateinischen Wort »spiritus«. Es bedeutet Hauch, Wind, Atem und kann als Lebensstrom verstanden werden. Am Atem kann man spüren, ob jemand lebt. Ein spiritueller Mensch ist ein lebendiger Mensch, in dem Lebenskraft wirkt. Das isländi-

sche Wort »Geysir« ist mit dem Wort Geist verwandt; der Geysir offenbart in seinem Ausbruch, wie aus einem »stillen Wasser« große Kraft kommen kann.

Biblisch verstanden, meint Spiritualität Lebendigkeit des Menschen. Geist ist der Lebensodem und Liebesatem, den Gott dem Menschen, dem »Erdling« Adam, einhaucht und ihn so zu einem lebendigen Wesen macht. Wenn die Propheten auftreten, verkünden sie Gottes Wort, das »Geist und Leben« ist.

Maria empfängt das göttliche Leben, Christus, durch den »heiligen Atem«, den Heiligen Geist Gottes und durch seine schöpferische Liebes-Kraft. Diese ist zugleich »Kraft des Allerhöchsten« und berührt doch zart wie ein Schatten: »Die Kraft des Höchsten wird dich überschatten« (Lk 2,35). Jesus, die Frucht der Begegnung, lässt sich in seiner Sendung tragen und treiben durch den Heiligen Geist. Er kämpft gegen den »bösen Geist« und von seinem Sterben heißt es: »Er hauchte seinen Geist/Lebensatem« aus – in Gott.

In der neutestamentlichen Brief-Literatur ist der Heilige Geist sozusagen allgegenwärtig: Die Kirche kommt sich selber an Pfingsten zu Bewusstsein; die Gemeinde baut sich aus den Gnadengaben des Geistes auf; er ist das »Prinzip« von Vielheit in Einheit; es ist der Geist, der »in uns betet«; durch den Geist »ist die Liebe Gottes in unsere Herzen ausgegossen«.

Christliches Leben ist ein Leben »im Heiligen Geist« – erkennbar an den »Früchten des Geistes«: Liebe, Freude, Einfachheit, Mut, Freiheit, Wahrhaftigkeit, Demut, Friedfertigkeit – oft vermischt mit dem »Ungeist«, d.h. Gewalt, Lüge, Egoismus, Eifersucht, Neid usw.

Umschreibungen von Spiritualität

Einige kurze Definitionen:

- Spiritualität ist gläubiger Umgang mit Realität (Georg Mühlenbrock)
- Spiritualität ist »Lebensziel im Lebensstil«
- Spiritualität ist Lebensmitte und Lebensmittel
- Spiritualität ist die gelebte Antwort auf die Fragen: Woher komme ich? Woraufhin lebe ich? Was sind die Quellen meines Lebens? Wie lebe ich?
- Spiritualität zielt auf das Geheimnis des Ganzen der Wirklichkeit: Warum gibt es überhaupt etwas und nicht nichts? Was ist der Sinn von Sein und Leben?
- Christliche Spiritualität ist glaubend-hoffend-liebender Umgang mit Realität im Geist des Evangeliums Jesu Christi.

Um die Vielfalt spirituellen Geschehens zu sehen und ein wenig zu sortieren, können einige Ebenen bzw. Dimensionen von Spiritualität genannt werden:

- die Ebene des *Haltes,* die sich auf den letzten Grund des Daseins bezieht: Glaube, Weltanschauung. Wer und wie ist »mein Gott« bzw. »mein Götze«?
- die Ebene der *Haltungen*: Vertrauen/Misstrauen, Liebe/Egoismus, Demut/Stolz usw.
- die Ebene des *Verhaltens*: Wie begegne ich anderen durch Worte, Gesten, Taten?
- die Ebene der *Verhältnisse*: Wie wird das Äußere, Materielles, Natur, Kultur, Politik, Wirtschaft, Normen, soziales Umfeld gestaltet?

Vor und nach allen Umschreibungen ist für Christen entscheidend, dass sie ihr Leben als »Leben im Hei-

ligen Geist« verstehen und dass sie »der Liebe nach-
jagen« (1 Kor 14,1). Im Geist allein ist Christus gegenwärtig, so schreibt Paulus. Und auch wir begegnen einander als Menschen im Geist (vgl. 2 Kor 5,15–
18), freilich in dem Geist Gottes, von dem es heißt,
dass er Fleisch geworden ist. – Wes Geistes Kinder sind
wir?

6. Geistliche Lebenskultur – Vom Einüben und Ausüben

Übungs-Boom

Wenn auch von der Schule her etwas ungeliebt, so ist Üben doch ein Grundgeschehen menschlichen Daseins und Werdens. Das gilt auch für die religiöse Entwicklung des Menschen. Was gibt es, was nicht der Übung, der Ausgestaltung bedarf? Auch das Beten, das Lieben bedarf des Lernens und der Pflege, um wachsen zu können.

Lebenskultur – Inspiration und Transpiration

Der Psychologe Erich Fromm stellt sich in seinem Bestseller »Die Kunst des Liebens« der Frage, warum so viele Ehen scheitern. Ein gewichtiger Teil seiner Antwortet lautet: Weil Liebe mit Verliebtheit verwechselt wird. Verliebtheit ist eine Initialzündung. Liebe aber ist eine Kunst. Und Kunst bedarf der Begeisterung und der Arbeit. Liebe ist geschenkt – und will täglich neu geübt sein. Sie bedarf der Aufmerksamkeit, der Geduld, der Lernbereitschaft, der Suche nach Verständnis, der Disziplin, tragender Gewohnheiten und der Bereitschaft, Fehler zu vergeben und sie als Chance zu Wachstum sehen zu lernen. Kürzer gesagt: Wie jede Kunst bedürfen das Leben und die Liebe der Inspiration und der Transpiration, d.h. der Begeisterung und des Schwitzens. Kunst ist die Mischung von innerstem Berührtsein und Üben. Leben ist Gabe und Aufgabe, d.h. sich packen lassen und dann zupacken.

Das Wort »üben« (lat. colere, wovon sich »Kultur« und »Kult« ableiten lassen) besteht aus dem Dreiklang von »pflegen, bebauen, verehren«. So haben frühere Menschen ihr Tun verstanden: Es muss gearbeitet, geackert, gesät, geschwitzt werden; es bedarf der begleitenden, hegenden, pflegenden täglichen Sorge für das Wachsen; und dieses menschliche Tun und Lassen geschieht im Raum von Ehrfurcht und Verehrung für das Geschenk der Lebendigkeit. In diesem Sinn mag Ignatius das Üben verstanden haben: Lebenskultur aus dem Glauben; Leben, in dem die Weisheit Gottes gestaltend ihr Werk weiterwirkt. – Der Mensch ist ein übender Mensch, »homo exercens«, und Kultur und Kultivierung gehören wesentlich zum Menschsein. Tugend, Lebenstüchtigkeit heißt dieses Geschehen in der spirituellen Sprache. Ignatius wünschte sich vor allem die Tugenden Liebe, Glaube, Hoffnung (BP 35).

Was beim Üben hilft

Beim Einüben des Übens können einige Leitlinien hilfreich sein:

- Bei einem einzigen Vorsatz bleiben – »Der Weg zur Hölle ist mit *vielen* guten Vorsätzen gepflastert.«
- Wenn man sich frei und von sich aus entschieden hat, dann erhöht dies die Wahrscheinlichkeit, dass etwas in Gang kommt.
- Die Motivation muss stark und tief verankert sein. Dazu hilft entweder ein hoher Leidensdruck oder eine starke, begeisternde Vision oder Belohnung.
- Man muss über einen längeren Zeitraum üben. Sich Gewohnheiten zu schaffen braucht erfahrungsgemäß viel Zeit und manchmal mehrere Anläufe.

– Man kann sich von anderen helfen lassen, die einen erinnern und ermutigen.
– Natürlich kann eine entsprechende Begleitlektüre, können kurze tägliche schriftliche Aufzeichnungen u.Ä. eine gute Hilfe sein.

Sich disponieren – Gnade und Mitwirkung

Es mag überraschend sein, zu sehen, mit welchem Wort Ignatius das Üben bezeichnet und dass darin seine ganze Theologie der Gnade liegt. Ein Thema, das vor allem ökumenisch interessant ist. In der Ökumene ist ja oft die Frage, wie die göttliche Gnade und das menschliche Mitwirken zusammenspielen und nicht als Konkurrenz verstanden werden. Die entscheidende Formulierung ist »se disponer« (EB 1). Sich disponieren heißt, sich vorbereiten. Damit ist klargestellt, dass die Übungen nicht ein Vorgang sind, mit dem man sozusagen automatisch, d.h. selbstmacherisch, etwas erreichen kann wie ein Sportler, der durch systematische Übungen seine Muskeln stärkt.

Ein Beispiel: Sich vorbereiten im Sinn der geistlichen Übungen kann verglichen werden mit einer Begegnung. Der Wunsch setzt eigenes Verhalten in Gang: den Wunsch nach einem Gespräch überhaupt zu verspüren, mit jemandem einen Termin ausmachen, vielleicht eine Kleinigkeit zum Essen vorbereiten und dann auf eine gute Begegnung warten. Ob der Besuch dann kommt, um welche Zeit genau, was er vielleicht will – das ist seine Sache. Klar ist: Durch die Vorbereitung gebe ich ein Signal für das, was ich wünsche und suche, weiß aber, dass ich nicht allein die Regie führe, sondern des anderen bedarf.

Die Übungen, so Ignatius, sollen disponieren, vorbereiten. Nicht mehr und nicht weniger. Und dann spricht er von einer zweiten Disposition, einer zweiten Vorbereitung, welche aber im Grunde die erste und tragende ist: Gott selber disponiert sich den Menschen, d.h., er bereitet ihn vor (EB 15). Es gibt sozusagen eine doppelte Disposition: die des Menschen und diese ist unterfangen von der göttlichen Vorbereitung. Nicht selten huscht eine Überraschung und Freude über das Gesicht von Menschen, wenn sie sehen, dass sich dies zusammenfügt: die absolute Vorgabe, die Gnade Gottes, und das dadurch getragene Mitwirken des Menschen.

Diese Sicht des geistlichen Übens ermöglicht beides: sich ganz, wie man kann und will, hinzugeben und gleichzeitig unverkrampft vertrauen und beschenken lassen. »Dem Wunder die Hand wie einem Vogel hinhalten« (Hilde Domin).

7. Im Liebeswillen Gottes leben wollen

Gottes Wille – Du bist, weil ich dich will

Von der ersten Vorbemerkung im Exerzitienbuch bis an das Ende zieht sich eine Linie durch: die Suche nach dem Willen Gottes. Wohl mehr als tausend Mal schreibt, wünscht Ignatius meist am Ende von Briefen: »Ich schließe, indem ich Gott unseren Herrn bitte, er wolle uns um seiner höchsten und unendlichen Güte willen seine Gnade in Fülle geben, damit wir Seinen heiligsten Willen verspüren und ihn vollständig erfüllen« (BU 50). Da Gott im Glauben der Christen in seinem ganzen Wesen nichts als Liebe ist, heißt die Suche nach dem Gotteswillen, sich auf den Weg des Liebens zu begeben.

Was ist der »Wille Gottes« und woran kann ich ihn erkennen? Vielleicht lohnt es, sich zuerst einmal zu fragen: Warum »eigentlich« interessiert mich der Wille Gottes? Wie geht es mir denn mit diesem? Geht es mir wie Jesus, für den, wie er sagt, Gottes Wollen die Speise ist, von der er lebt (Joh 4,34) und mit dem er dann doch wie am Ölberg, bis ihm der Schweiß aus den Poren rinnt, kämpft: »Vater, lass diesen Kelch an mir vorbeigehen, aber nicht mein Wille geschehe, sondern der deine« (Mt 26,42)?

– Gottes Liebeswille im schöpferischen Ja zu mir
   Was ist der erste und grundlegende Wille Gottes für mich? – Das bin ich selber in meiner Existenz. »Du bist, weil ich dich will!« Gottes schöpferischer Liebeswille ist »Prinzip und Fundament« meiner Exis-

tenz. Wir fragen zumeist und zuerst: »Was will Gott von mir?« Er will mich. Er will als Erstes nicht etwas »von« mir, sondern will mit mir sein. Er will einen Bund schließen mit mir. Er will, dass »wir in ihm leben, uns bewegen und sind« (Apg 17,28). – »Du bist, weil ich dich will – Ich bin, weil du mich willst?!« So kann man meditierend da sein.

– Was willst du, dass ich dir tue?

Jesus fragt Menschen immer wieder: Was soll dir geschehen? Was willst du, dass ich dir tue? Dies zeigt, dass die Frage nach dem Willen Gottes keine Einbahnstraße ist. In Jesus fragt Gott uns nach unserer Not, die uns bedrückt. Gott ruft nach uns, nach unserem Hilfswillen in aller Menschennot. Er fragt: »Willst du mir Nächster sein?«

– Gottes Lebens-Wille lässt sich in den »Zehn Worten des Lebens« (Dekalog) finden.

Am einfachsten ist es vielleicht, die Gegenprobe zu machen: einander zu belügen, Leben zu gefährden, Beziehungen aufs Spiel zu setzen, sich selber oder andere oder anderes zu vergötzen – »Ihr Gott ist der Bauch«, schreibt Paulus –, das ist menschen- und lebensfeindlich und betrügt den Menschen um sich selber und um Gott.

– Gottes Lebens-Wille lässt sich in den Lebensweisheiten der Völker finden.

In ihnen ist oft etwas von der Uroffenbarung zu spüren, die in die Schöpfung hineingelegt ist. Gottes Liebes-Wille lässt sich in der so genannten goldenen Regel finden: »Alles, was ihr von anderen erwartet, das tut auch ihnen. Darin besteht das Gesetz und die Propheten« (Mt 7,12). – Was für ein Wort! Was für ein Lebenswissen wird hier dem Menschen zugetraut: Frag dich, was dir in deinem Leben auf die

Dauer gutgetan hat, was du von andern erwartest –
und dann sei bereit, es ihnen zu geben, wenn sie es
brauchen und wollen.

– Gottes Wille im Erfahrungsschatz der »Suchgemein-
schaft Kirche«

Die Geschichte der Gemeinschaft der Kirche kann
uns dreierlei zeigen: einmal, wie sehr wir Christen
Gottes Willen kennen, aber ihn ignorieren und
nicht verwirklichen. Zweitens: Wie sehr die Kirche
immer wieder auch sucht und sich irrt. Drittens:
dass es in der Kirche einen jahrtausendealten Erfahrungsschatz gibt, in dem sich viel Weisheit und Wissen um Menschenfreundlichkeit und begeisternde
Beispiele und Modelle zu unserem Nutzen angesammelt haben.

– Gottes Wollen in meinen Lebenserfahrungen

Das eigene Leben, die Lebensgeschichte ist der erste
Offenbarungsort für das, was der Liebe Gottes entspricht oder widerspricht. So kann es lohnend sein,
sich auf seine persönlichen Grunderfahrungen und
Lebensweisheiten zu besinnen und sie aufzuschrei-
ben. »Es ging immer gut, wenn …«, »dann ging's
eigentlich immer schlecht«, »diese und jene Le-
bensregeln sind mir zugewachsen …«

– Gottes Wollen in der Pflege des eigenen Wollens finden

Theresa vom Kinde Jesu sagt einmal, Gott offenbare
ihr seinen Willen in ihren Wünschen. Selig, wer solche Wünsche hat! Wahr bleibt für alle: Das eigene
Wünschen ist ein Ur-Ort für Gottes Wollen. Es zu
pflegen ist wegweisend. Weder gilt, Gottes Liebes-
wollen sei einfachhin mit meinen Wünschen iden-
tisch, noch gilt: Je mehr etwas meinem Wünschen
widerspricht, desto sicherer ist es Wille Gottes.

– Gottes Wille lässt sich im Blick auf Jesus und sein Leben finden.

Johannes gibt in seinem ersten Brief die Perspektive: »Wer sagt, dass er in ihm (Christus) bleibt, muss auch leben, wie er gelebt hat« (1 Joh 2,6). – Also: Begib dich – etwa in der Betrachtung des Evangeliums – in die Nähe Jesu. Schau auf ihn, höre seine Worte und frage immer wieder einmal: »Meister, was meinst du, wenn ich so denke und handle?«

– Gottes Wille im Geschmack der »Früchte des Geistes und Ungeistes«

Die Entwicklung des persönlichen geistlichen Geschmacksempfindens ist ein zentraler Vorgang in der neutestamentlichen Briefliteratur (vgl. Gal 5,21 ff): Was auf die Dauer mehr nach Klarheit, Friede, Ruhe, Freiheit, Freude, Liebe, Einfachheit, Demut schmeckt, kommt vom guten Geist. Der Geist der Bosheit riecht nach Verwirrung, Lebensfeindlichkeit, Aufgeblasenheit, Stolz, Verachtung, Zwang. »Unterscheidung der Geister« wird dies oft genannt. Ignatius spricht von der Unterscheidung der »mociones«, d.h. der Klärung der Motivationen und Emotionen, aller inneren »Regungen«.

– In der Kultur der Entscheidungssuche lässt sich Gottes Wollen finden

Schon die Art und Weise, wie wir nach dem Willen Gottes suchen, ist aufs Engste mit einem »Stil« verbunden. Zu ihm gehören: Wirklichkeit wahrnehmen; auf andere hören; betend suchen; Bereitschaft zur Korrektur und Umentscheidung; Abwägen von Alternativen und Argumenten; Hinspüren auf innere Empfindungen und Regungen; Vertrauen auf die Führung durch Gottes Geist. Die Christliche Arbeiter Jugend (CAJ) nannte diesen Stil »Sehen – Urteilen – Handeln«. Die Gemeinschaft Christlichen Lebens (GCL) spricht gerne von »Hören – Unterscheiden – Antworten«. Freilich, auch bestvorbereitete Entscheidungen können Fehlspuren sein – und dann doch noch heimführen. Der, der *Weg* ist, weiß um Wege, Irrwege, Abwege, Umwege, Heimwege.

– Das Interesse an den Interessen und Träumen Gottes
 Vielleicht kann es eine Hilfe sein, nicht nur vom »Willen Gottes« zu sprechen, sondern auch von seinen Utopien, Wünschen und Interessen. Was ist für ihn »Reich Gottes«, »sein Reich«, sein Traum vom Himmel, der auf die Erde, und von der Erde, die in den Himmel kommt?

8. Mit Leib und Leben

Aus Fehlern lernen

Ignatius war ein sehr leibnaher Mensch – bei Fecht-
turnieren, in seiner höfischen Kleidung und Maniku-
re und auch später, wenn er als Buße seinen Leib re-
gelrecht knechtete. Die leibliche Schwächung, die er
sich durch Kasteiung und übermäßiges Fasten für sein
ganzes Leben zuzog, bescherte ihm ein Gespür, eine
Wahrnehmung, von der er später selber sagte: Im Blick
darauf habe er zum ersten Mal erkannt, dass man aus
Fehlern auch lernen könne. Für sich hatte er gelernt,
wie wichtig Gesundheit für Seelsorgedienste ist; wie
sehr eigenes Leiden lehren kann, Mitempfinden zu haben mit Kranken, und schließlich, wie unsinnig es ist,
von andern zu verlangen, womit man sich auch selbst
überfordert. Koliken warfen ihn immer wieder aufs
Krankenbett; von den letzten drei Lebensjahren war er
etwa ein Jahr lang insgesamt bettlägerig.
Wie haben sich seine Leiberfahrungen, sein »Leibge-
wissen« auf die Exerzitien ausgewirkt? Zum einen
durch das Ernstnehmen der leiblichen Haltungen beim
Gebet, aber auch auf vielfältige andere Weisen.

Essen – Fasten – die Mitte finden

Das Essen kann eine Einübung sowohl in das Genie-
ßen wie auch das Maßhalten sein. Für die Seele gelte
der Grundsatz: »Nicht das Vielwissen sättigt die Seele,
sondern das Verkosten der Dinge von innen« (EB 2),
schreibt Ignatius. Dies kann man auch für das Essver-

halten gelten lassen: Nicht der Vielfraß wird satt, nicht der Mensch, der schnell verschlingt, getrieben von der Gaumenlust, von Ersatzbefriedigung und Kummerspeck, sondern der wirkliche Genießer. Tatsächlich kann in Exerzitien die Mahlzeit, für die wirklich auch Zeit ist und die ein Mahl ist und kein Schnellimbiss, das »Verkosten« eine kostbare Erfahrung sein.

Auch Fasten gilt für Ignatius als eine Möglichkeit in Exerzitien. Sicher muss man darauf achten, dass der Kampf mit dem Hunger und Appetit nicht zur Hauptsache der Exerzitien wird. Da ist es besser, einen ausgewiesenen Fastenkurs zu besuchen. Aber die Erfahrung, einen Leib zu haben, der Bedürfnisse meldet, die Erfahrung unseres Angewiesenseins auf Nahrung oder auch einer erlebten Solidarität mit hungernden Menschen kann verdrängte oder unbekannte Dimensionen unseres seelischen Lebens bewusst machen und fruchtbar werden lassen.

Die »Regeln, um sich künftighin beim Essen zu ordnen« (EB 210–217), wollen helfen, dass der Übende »desto rascher die richtige Mitte erreicht« (EB 213). Und für den Übenden wird gesagt, dass er »oft die inneren Erkenntnisse, Tröstungen und geistlichen Eingebungen verspüren wird ...« (EB 213).

Einen Leib hast du mir bereitet ...

Leib und Leiblichkeit gehören zur Spiritualität christlichen Glaubens und Betens. Einige zentrale Worte und Aussagen aus dem Neuen Testament zeigen dies. Das Geschehen der Menschwerdung der Liebe Gottes in Christus wird mit den Worten ausgedrückt: »Und das Wort ist Fleisch geworden und hat unter uns gewohnt« (Joh 1,14). Jesus, das leibhaftige Wort Gottes, ist ein Mensch, der berührt und sich berühren lässt: Er umarmt Menschen, besonders Kinder, er legt heilend seine Hände auf, die Begegnung mit leiblich-seelisch Kranken gehört zu seinem Alltag und zu seinem Sendungsauftrag. Beim letzten Mahl teilt er Brot aus mit den Worten »Dies ist mein Leib«. Dies wurde zum zentralen Wort der Eucharistie. Der Eintritt Jesu in die Welt wird im Brief an die Hebräer mit leibnahen Worten beschrieben: »Schlacht- und Speiseopfer hast du nicht gefordert, doch einen Leib hast du mir geschaffen … Da sagte ich: Ja, ich komme … Deinen Willen, Gott, zu tun« (Hebr 10,8). Dieses Tun des Willens Gottes bezeichnet Jesus als »meine Speise« (Joh 4,35).

»Leib Christi, rette mich!«

In einem sehr alten Lieblingsgebet von Ignatius drückt sich in der Sprache des Gebets die leibnahe christliche Spiritualität aus:
Seele Christi, heilige mich.
Leib Christi, rette mich.
Blut Christi, tränke mich.
Wasser der Seite Christi, wasche mich.
Leiden Christi, stärke mich.
O guter Jesus, erhöre mich.
Birg in deinen Wunden mich.
Von dir lass nimmer scheiden mich.
Vor dem bösen Feind beschütze mich,
zu dir zu kommen heiße mich,
mit deinen Heiligen zu loben dich
in deinem Reiche ewiglich.
Amen.

9. Wie es mit den Haltungen halten?

Von Brezeln und von Gebetshaltungen

Die Brezel – »Backwerk etwa in Form einer 8« sagt das Lexikon – als Einstieg ins Thema Gebet und Haltung mag etwas rätselhaft erscheinen. Die Auflösung ist einigermaßen überraschend. Laut Duden kommt das Wort Brezel vom Lateinischen »bracchium«. Es bedeutet Unterarm und erinnert an verschränkte Unterarme, wenn die Handflächen auf den Schultergelenken liegen. Vermutlich habe das Gebäck ein italienischer Mönch um das Jahr 620 erfunden, der damit die Gebetshaltung von Armen, die vor der Brust überkreuzt werden, darstellen wollte. Vermutlich wollte er damit auch zum Beten einladen. Bei französischen Christen kann man diese Gebetshaltung zuweilen sehen.

Beten mit Leib und Seele

Ernsthafter und grundlegender zum Thema Haltung: Der Mensch existiert als Leib-Seele-Geist-Einheit. In diesen drei Dimensionen lebt er und erlebt er sich. Menschsein drückt sich also immer auch im Leib aus. Auch beim Beten. Die Frage ist also nicht: Soll man Wert auf eine Haltung beim Beten legen? Sondern nur: Welche nehme ich ein und warum?

Wie sehr innere Einstellung bzw. Befindlichkeit und äußere Haltung zusammenspielen, sieht und spürt jeder, der ein wenig aufmerksam ist. Was drückt der geneigte Kopf aus? Scheu, Scham, Schuld, Trauer? Was die Weite geöffneter Arme? Was die empfangsbereiten

Handflächen oder die ruhig im Schoß gefalteten Hände? Was die aufgerichtete hör- und handlungsbereite Person usw.?

Was am besten hilft

Welche Haltung soll man einnehmen? Oft wird diese in den Gottesdiensten von der Liturgie vorgegeben. Wenn man allein für sich selber betet, kann man die Haltung suchen, die einem gerade am besten entspricht. Dies bedeutet, dass man auch ungewöhnliche Haltungen einnehmen kann, die alle eine eigene Aussage- und Wirkkraft haben:

– Man kann anlehnen an eine Wand – Ausdruck von Müdigkeit oder Suche nach einer Schulter zum Anlehnen; vom Jünger Johannes heißt es, dass er sich an Jesus angelehnt hat.
– Man kann auf dem Boden auf dem Rücken liegen, wenn man die Einladung verspürt, sich tragen zu lassen; beim Propheten Jesaja stellt sich Gott als der vor, der uns von Mutterleib an trägt und schleppt, bis wir alt und grau werden (vgl. Jes 46,1–5).
– Man kann, wenn es einem danach ist, wie ein geprügelter Hund in einer Ecke liegen oder die Bettdecke über den Kopf ziehen.

Jesus stand im Jordan, ging auf Berge, um zu beten; er blickte zum Lobpreis seines »Abba« nach oben; er warf sich im Ölgarten auf den Boden; bei der Kreuzigung, als er »aus freiem Willen das Leiden auf sich nahm«, wurde ihm die letzte Gebetshaltung, die ausgestreckten Arme, aufgezwungen, in der er betete: »Vater, in deine Hände empfehle ich meinen Geist.«

Und Ignatius? – Haltungen ausprobieren!

Es ist erstaunlich, wie weit Ignatius in seinen Äußerungen zu den Haltungen beim Gebet geht. Er hält sozusagen alles, was möglich ist, für praktizierbar. Ausdrücklich formuliert er: »In die Betrachtung eintreten, bald kniend, bald auf der Erde ausgestreckt, bald auf dem Rücken mit dem Gesicht nach oben, bald sitzend, bald stehend, indem ich stets auf der Suche nach dem bin, was ich will ... Wenn ich kniend das finde, was ich will, werde ich nicht weitergehen; und wenn ausgestreckt, ebenso ...« (EB 76). Ignatius spricht hier aus seiner eigenen Gebetspraxis. Natürlich war er das Knien gewohnt. Auf dem langen Krankenlager hat er liegend meditiert und gebetet, in einigen Nachtwachen vor einer Marienstatue ist er die ganze Nacht gestanden.

Hilfreich ist es, gar nicht lange über Haltungen nachzudenken, sondern verschiedene auszuprobieren. Ganz langsam und aufmerksam: eine Haltung einnehmen und erspüren, was sie in mir auslöst bzw. unterstützt: Freisein, Weite, Bitte, Klage, Dank, Freude, Hingegebensein, Sehnsucht ... Wer ganz in einer Haltung aufgeht, ganz in und mit seinem Leib da ist, für den kann sein Beten sogar darin bestehen, dass er nur still und wach in dieser Haltung bleibt. Dies kann eine »nonverbale« Kommunikation sein bzw. ein wortloses und sehr leibhaftiges Gebetswort. Der Leib kann selber Gebet sein zu und in dem Gott, der »Fleisch geworden« ist (Joh 1,14).

10. Mit Sinnen beten gibt Sinn

Sich auf die Sinne besinnen

Ignatius spricht einmal von einer »ersten Weise des Betens« (EB 238). Dabei weist er darauf hin, man solle seine eigenen Sinne bewusst wahrnehmen und ihre Bedeutung, ihre Geschichte meditieren, und dies mit der Absicht, den Gebrauch der Sinne zu kultivieren: einen scharfen Blick klarer und milder werden zu lassen; statt mit seiner Miene abstoßend zu wirken; statt einer negativen eine gute Ausstrahlung zu bekommen.

In einer Lebensbetrachtung kann man sich fragen: Welche Rolle spielen Hören, Sehen, Riechen, Schmecken, Tasten in meiner Lebensgeschichte? Gibt es eine Art Vorrang: Nehme ich mehr über das Hören wahr? Oder über das Schauen? Was ist mir durch die einzelnen Sinne an Wirklichkeitskontakt geschenkt worden? Was ist durch die Tore meiner Sinne schon alles in mein Inneres gelangt bzw. durch sie in die Welt ausgestrahlt?

Wie gebrauche ich meine Sinne? Kann ich wirklich zuhören? Bin ich mit meinem Tastsinn grob, hart oder zart, kräftig? Vielleicht könnte man sagen: Sage mir, wie du mit deinen Sinnen umgehst, wie du damit Menschen begegnest, und ich sage dir, wer, wie du bist. – Betrachtung der eigenen Sinne kann ein Weg zu Selbsterkenntnis werden. Und ein Weg zu Wachstum. Dies wird deutlich in der Bemerkung von Ignatius: »Wer im Gebrauch seiner Sinne Christus, unseren Herrn, nachahmen will, empfehle sich im Vorbe-

reitungsgebet seiner göttlichen Majestät …« (EB 248).
Es kann dies durchaus auch eine Anregung sein, das
sinnenhafte Verhalten Jesu zu betrachten: Als Jesus hörte …, als Jesus sah …, als Jesus die Hände auflegte …
Ignatius kann sich vorstellen, dass einen da der Wunsch
überkommt, liebevoll-milde umarmen zu können, klar
und gütig zu schauen wie Jesus, mit der Stimme einla-
dend und herausfordernd zu sein. Von hierher kann
man auch verstehen, dass Ignatius schreiben kann, man
solle Gott in allem suchen: im Gehen, Riechen,
Schmecken …

Lokaltermin – die Bereitung des Schauplatzes

Wenn Ignatius eine biblische Szene betrachten lässt,
dann lädt er ein, den Schauplatz sich möglichst plas-
tisch vorzustellen. Die Vorstellung des Ortes (compo-
sitio loci) heißt dies. Er ist überzeugt, dass dies zu einem besseren Verständnis dessen, was dann abläuft,
führen würde. Man könnte im kriminaltechnischen
Sinn von einem Lokaltermin sprechen, von einer Spu-
rensicherung. Ein Ort kann vieles aussagen. Als zwei
Jünger von Johannes dem Täufer, die Jesus besser ken-
nenlernen wollen, ihn fragen: »Meister, wo wohnst
du?«, antwortet er schlicht: »Kommt und seht.« Das Jo-
hannesevangelium fährt fort: »Da gingen sie mit ihm
und sahen, wo er wohnte, und blieben jenen Tag bei
ihm.«

Mit allen fünf Sinnen betrachten

Bei der Nachbesprechung eines Vorstellungsgespräches
für eine besonders wichtige Aufgabe ist natürlich zuerst und zuletzt der »Gesamteindruck« wichtig: »Wie

wirkt denn die Person auf mich?«, kann man sich da fragen. Und dann natürlich Einzelheiten: Was hat er denn zu dieser und zu jener Frage gesagt? Wie wirkt er in seinem Gang, seinem Aussehen, seiner Sprache, seiner Miene, dem Ton seiner Stimme? Und vielleicht kommen die Schweißperlen auf seiner Stirne zur Sprache, der Mundgeruch und die zu starke Schminke. Und dann schaut man nochmals, wie sich dies alles zu einem Gesamtbild zusammenfügt. Und sicher auch die Frage: Wie steht es mit der Kompetenz der Person, und nicht zuletzt: Passt sie in unser Team?

All die angesprochenen sinnenhaften Wahrnehmungen spricht Ignatius an: »Mit der Sicht der Vorstellungskraft die Personen sehen, indem man über ihre Umstände im Einzelnen sinnt und betrachtet … (EB 122); mit dem Gehör hören, was sie sprechen … (EB123); mit dem Geruch und dem Geschmack riechen und schmecken …« (EB 124); »mit dem Tastsinn berühren …« (EB 125). Und bei jeder dieser Annäherungen steht als Schlusssatz: »sich immer bemühen, Nutzen daraus zu ziehen« (EB 125). – Also: Komm und sieh und höre und komme in Kontakt – und schau, welche Frucht aus der Begegnung wächst.

Anwendung der Sinne – die Augen des Herzens

Es gibt für Ignatius eine Weiterführung und Vertiefung der Sinn-lichkeit des Menschen, die ihm so wichtig ist, dass er in Exerzitien einlädt, sich jeden Abend eine Zeit für diese Weise des geistlichen, betenden Geschehens zu nehmen: »die Anwendung der Sinne« (applicatio sensuum). Schon die ersten Gefährten waren sich nicht ganz einig, was so ganz genau damit gemeint sei und wie dies erklärt werden könne. Und Ignatius bemerkt gelegentlich selber, dass das Gemeinte für den, der es nicht erfahren hat, nicht leicht zu vermitteln sei. Sicher ist es vereinfachend, aber doch auch weiterführend, das berühmte Wort aus dem »Kleinen Prinz« von Antoine de Saint-Exupéry zu zitieren: »Man sieht nur mit dem Herzen gut. Das Wesentliche ist für die Augen unsichtbar.« Der Bibelliebhaber mag sich freuen, wenn er dazu aus dem Brief an die Epheser den Wunsch des Schreibers zitieren kann: »Er erleuchte die Augen eures Herzens, damit ihr versteht, zu welcher Hoffnung ihr durch ihn berufen seid, welchen Reichtum die Herrlichkeit seines Erbes den Heiligen schenkt ...« (Eph 1,18). »Der Wurm des Gewissens«, »Ich hab dich zum Fressen gern«, dies und viele andere Redewendungen weisen ein wenig in die Richtung, mit dem Herzen, mit der Seele, mit den »geistlichen Sinnen« zu sehen.

Der Unbegreifliche – berührbar

In allen Religionen wird die Unbegreiflichkeit Gottes und auch die Sehnsucht nach seiner Berührbarkeit ausgedrückt: Gebetsschnüre, der »katholische« Rosenkranz, zwischen die Ritzen der Klagemauer gesteckte Gebetszettel, Weihwasserbecken, Gebetsmühlen, Weihrauchkörner, Gebetsräume, Kerzen, Kirchtürme. Alles sind sinnenhafte Zeichen, Erinnerungen, Fingerzeige göttlicher Nähe. Das Kontaktieren kann mit den Händen geschehen, aber auch mit allen anderen Sinnen, besonders mit den Augen. Die ganze religiöse Bilderwelt von den großartigsten Gemälden und Ikonen bis zum kitschigsten Andachtsbildchen geht von diesem »Augenkontakt« aus. Fragen liegen nahe:

- Welche Botschaften nehme ich damit auf?
- Welches Bild mit einer religiösen Botschaft hängt in meiner Wohnung?
- Welches Lesezeichen will mich an etwas erinnern?
- Ist das Kreuz am goldenen Kettchen für mich ein schöner Schmuck oder auch Ausdruck meines Glaubens, der sich auf Kreuz und Auferstehung gründet?
- Ist mir der Rosenkranz in der Tasche beim Spazierengehen, bei der Fahrt mit der Straßenbahn, vor und zum Einschlafen Gebetshilfe?
- Höre ich täglich ein kleines Musikstück, das mir viel sagt, oder summe ich ein Lied?
- Sinnennahes Beten zeigt sich in einem kleinen Handkreuz für Kranke, das sich ganz den Händen anschmiegt. Sie können vielleicht nichts mehr sagen, aber die Berührung mit dem Kreuz kann ihnen viel bedeuten. – Papst Johannes XXIII. zeigte auf seinem Sterbebett auf ein Kreuz und sagte, dies sei das Letzte, was er am Abend sehe, und das Erste, was ihn morgens begrüße.

11. Gotteskontakt –
»ohne Geräusch von Worten«

In einem Brief von Ignatius an Schwester Teresa Reja-
della findet sich eine sehr beachtenswerte Stelle:
Manchmal geschieht es, »dass der Herr selbst unsere
Seele bewegt und gleichsam zu diesem oder jenem
Tun zwingt, indem er unsere Seele weit und offen
macht. Das heißt: Er beginnt in unserem Inneren zu
sprechen, ohne jedes Geräusch von Worten, er reißt
die Seele ganz zu seiner Liebe empor und schenkt uns
ein Wahrnehmen seiner selbst, so dass wir, selbst wenn
wir wollten, dem gar nicht widerstehen könnten«
(BU 27).
Nicht wenige Menschen auf dem Weg der spirituellen
Suche und dem Gebetsweg spüren immer mehr in sich
das Bedürfnis nach Einfachheit statt Kompliziertheit,
nach der Mitte und Tiefe statt Vielerlei, nach Ruhe
statt nach Aktionismus, nach Stille statt vielen Worten.
Dem kommt die Aussage von Ignatius nahe, auf jene
innere Stimme zu lauschen, die »ohne Geräusch von
Worten« geschieht. Und in diesem Sinne schrieb der
Obere der Gesellschaft Jesu, Adolfo Nicolás, an seine
Mitbrüder im Jahr 2012:
»Ich glaube, auch wenn das einige erstaunen mag, dass
eine der ersten Herausforderungen für die Gesellschaft
Jesu heute ist, den Geist der Stille wieder zu erlangen.
… Wir alle brauchen einen Ort in uns selbst, wo es
keinen Lärm gibt, wo der Geist Gottes zu uns sprechen
kann, sanft und freundlich, und unser Unterscheiden
leitet. Im wahrsten Sinne des Wortes brauchen wir die
Fähigkeit, selbst Schweigen zu werden, Leere, ein of-

fener Raum, den das Wort Gottes erfüllen kann und den der Geist Gottes selber entflammen kann zum Wohl anderer und der Kirche. Mehr denn je sollte jeder Jesuit fähig sein, wie ein Mönch inmitten des Lärmes der Stadt zu leben. … Das heißt, dass unsere Herzen unsere Klöster sind und auf dem Grund jeder Aktivität, jeder Reflexion, jeder Entscheidung gibt es Stille, die Art von Stille, die man nur mit Gott teilt.«
Wie kann man sich dieser Stille, die zum Hören befähigt, annähern?
Es gibt Zeugnisse, die zeigen, wie man versuchen kann, die Innengeräusche etwas zu dimmen:

– Mir hilft es schon, wenn ich zwischen Wort und Antwort ein paar Mal tief atme.
– Seit ich vor dem Beginn der Meditation ans Fenster trete und hinausschaue, ist mein Beten immer mehr von Ruhe erfüllt worden.
– Den Hinweis von Ignatius empfinde ich für mich ebenso einfach wie klug und hilfreich: »Einen oder zwei Schritte vor der Stelle, an der ich die Kontemplation oder Meditation zu halten gedenke, will ich mich während der Dauer von einem Vaterunser aufrecht hinstellen, den Geist nach oben gerichtet, und erwägen, wie Gott unser Herr mich anschaut usw. …« (EB 75).
– Zu Beginn der Gebetszeit mache ich einen Spaziergang durch meinen Leib, nehme ihn wahr, lausche auf den Atem, das hilft mir, mich zu sammeln.
– Ich lasse zu Beginn der Meditation immer einen Gedankensturm zu: alle Ereignisse, Sorgen, Wünsche, und höre sie an und verspreche ihnen, wieder auf sie zurückzukommen – aber jetzt nicht.

– Mich tröstet der Gedanke von Franz von Sales, das Leben, das Beten habe Sinn, wenn man immer wieder zurückkehre von den umherschweifenden Gedanken und immer neu Gottes Nähe suche.

– Ich verstehe immer mehr den Sinn von Wiederholung: eine Schriftstelle zehn Mal lesen oder nach jedem Wort oder jedem Satz eine Pause zu machen. Dies vertieft.

– Mein Beten vereinfacht sich auf ein einziges Wort hin; entweder wiederhole ich es immer wieder bei jedem Atemzug oder schlage es wie einen Gong an und lasse es nachklingen, bis wieder Wort- und Gedankengeräusche laut werden.

– Mir hilft ein kleine Gebetsecke oder ein Bild oder eine Kerze, die ich anzünde, um mich ins Gebet einzustimmen.

– Ich nehme gelegentlich an Meditationstreffen teil, die ganz in Stille ablaufen. Es gibt dabei zwar oft unzählige Ablenkungen, aber in der Tiefe wächst Ruhe und Stille.

– Das Zimmer aufräumen, die Türe abschließen, das Schild »Bitte nicht stören« aufhängen, das Telefon wegschalten – das hilft mir, nach außen hin abzuschalten und mich nach innen zu öffnen.

– Ich lasse die Gedanken gehen wie die Wolken am Himmel; ich bemühe mich weder, sie herbeizulocken, noch bin ich damit beschäftigt, sie zu vertreiben; ich schaue zum Himmel auf: wolkenverhangen, geheimnisvoll neblig, wunderbar mit weißen Wortwölkchen und manchmal einfach himmlisch.

Und wenn man trotz aller Hilfen und »Tricks« nicht zur Ruhe kommt, hilft vielleicht eine Überlegung von Jörg Zink, der Unruhe Abhilfe zu verschaffen: »Für uns fängt das Weglegen der Gedanken damit an, dass wir das Gefackel und Geflacker geduldig aushalten, die Gedankenlosigkeit in den vielen Gedanken, die Einfallslosigkeit in den vielen Einfällen, den Lärm der Hölle im Lärm der Gedanken, und dass wir danach versuchen, ein Wort zu hören, das anderswo herkommt. Wir werden das fremde Wort aufnehmen, bis es über das Vielerlei der Gedanken Herr ist, so dass wir am Ende nicht ›leer‹ sind, sondern erfüllt mit dem neuen, fremden Wort.«

Geräusch muss man machen, Stille ist!

12. Liebende Aufmerksamkeit – Die »allgemeine Gewissenserforschung«

Bewusst und in Beziehung leben

Es ist bedrückend, wenn Menschen sich »zubaggern«, »zudröhnen« und ins Koma saufen. Die Betroffenheit kommt daher, dass man Leben mit Wachheit, Aufmerksamkeit und mit In-Beziehung-Sein verbindet. Krank ist, wer den Blick und Durchblick verliert; wer nicht in Beziehung mit sich selber, mit seiner eigenen Wirklichkeit, seinen Gefühlen, seiner Geschichte und mit anderen Menschen treten kann.

Ignatius hat eine geistliche Übung gekannt und entwickelt, die von Wachheit, Achtsamkeit und Beziehung ausgeht und diese fördern möchte. In der traditionellen spirituellen Sprache heißt sie »Gewissenserforschung«. Zumeist wird dieser Vorgang in Verbindung mit der Beichte gebracht und mit der Frage, was man falsch gemacht habe. Ignatius fasst die Gewissenserforschung als Bewusstseinserweiterung umfassender, allgemeiner – darum spricht er auch von der »Allgemeinen Weise der Gewissenserforschung«. Für ihn war diese Weise der geistlichen Übung elementar wichtig. Es gibt von ihm die Aussage, wenn man auch alle anderen Weisen des Betens lassen müsse, man solle am Tag wenigstens eine Zeit für die Pflege des wachen Bewusstseins verwenden.

Vom Leben leben lernen – Einübung der Achtsamkeit

In den letzten Jahrzehnten ist die Übung der Gewissenserforschung, des Tagesrückblicks, der Achtsamkeit, der Auswertung, des Gebets der liebenden Aufmerksamkeit ein wenig neu entdeckt worden. Was sind ihre wesentlichen Elemente?

- Innehalten: Nimm dir ein paar Minuten Zeit; übe die »Kunst der Unterbrechung«; mach mal Pause; gönne dir etwas Ruhe; vielleicht am selben Ort und zur selben Zeit. Gewohnheit kann hilfreich sein.
- Geistesgegenwärtigkeit: Werde »geistesgegenwärtig« auf den Gott hin, »in dem wir leben, uns bewegen und sind« (Apg 17,28) und dessen Name lautet: »Ich-bin-der-ich-bin-da«.
- Tagesschau: Lass auf den Bildschirm deines Bewusstseins kommen, was spontan an Regungen, Ereignissen, Gedanken, Empfindungen usw. kommt; schaue dann noch einmal im Sinn einer persönlichen »Tagesschau« genauer nach, was der Tag von morgens bis abends dir gebracht hat.
- Dankbarkeit: Bleibe bei dem, was in dir Dank weckt! – Wir besitzen nur das, wofür wir danken können. Wer nicht danken kann, ist »arm dran«.
- Umorientierung: Versuche zu spüren, wo eine Neuorientierung sich meldet. Wir machen Fehler. Sie sind da, um aus ihnen zu lernen. Darin liegt ihr Zukunftspotenzial.
  Die »schöpferische Tugend der Reue« (M. Scheeler), die Kraft der Sehnsucht und die Dynamik der Liebe führen zu Umorientierung, zu Neuwerdung und Wachsen.

– Lebensvertrauen: »Dem Leben trauen, weil Gott es mit uns lebt« (nach A. Delp SJ). Aus diesem Urvertrauen, aus dieser Hoffnung dürfen wir aus unserer Vergangenheit erwachsend in der Gegenwart leben und die Zukunft erhoffen.

Man kann zum Abschluss des Blickes auf das »Heute« Gottes in meinem Leben alles in jenes Gebet hineinlegen, das Jesus seinen Jüngern anvertraut hat: »Vater unser ...«

Hinweise für persönliches Einüben

Für das Einüben dieser Gebetsweise können einige kurze Zeugnisse von Menschen, die versucht haben, wach zu leben, hilfreich sein:

– Als einer noch rauchte ...: »Ich stehe am Abend am Fenster und lasse zusammen mit dem Rauch meiner Zigarette meine Tageserlebnisse und Gedanken als Weihrauchopfer vor dem Herrn zum Himmel aufsteigen ...«
– Ich stehe bloß da, zwei Minuten, und sage: »So, mein Gott, das war jetzt der Tag heute!« Und dann lasse ich kommen, was in mein Bewusstsein kommt.
– Ich bin kein Lebensfeind, im Gegenteil, aber mir hilft es, wenn ich abends, schon im Bett liegend, sage: »Und wenn dies jetzt heute der letzte Tag meines Lebens gewesen wäre, was möchte sich da noch in mir melden und was möchte ich noch sagen?«
– Ich sitze einfach auf der Bettkante und warte, bis alles in mir ruhig geworden ist; dann kann ich gut schlafen. Die Bettkante ist mein Gebetsort. Mir hilft es, dass ich immer eine feste Zeit habe für mein Gebet der Aufmerksamkeit.

- Seit ich normalerweise jeden Abend einen Satz in ein Tagebuch schreibe – meine »Tagesperlen« sammle –, ist mein Leben freier und froher und klarer geworden.
- Manchmal schüttle ich mich – auch körperlich – einfach aus und sitze dann da und lasse die Ereignisse des Tages sich ordnen und zur Ruhe kommen.
- Mir hilft das Gebet der Aufmerksamkeit, wenn ich mir am Morgen die Zeit dafür nehme.
- Mir tut es gut, wenn ich zum Schluss immer mein Lieblingsgebet bete.

Wer das Gebet der liebenden Aufmerksamkeit übt, der wird spüren, wie nahe es beieinanderliegt, aufmerksam zu sein und jemandem eine »kleine Aufmerksamkeit« zu erweisen.

13. Einübung neuer Lebensgewohn-heiten – »Die besondere Gewissens-erforschung«

»Ein ganz anderer Mensch« sei er geworden, schreibt Ignatius nach der größten Gnadenerfahrung seines Lebens. Dies ist eines. Ein anderes: Auch nach dieser geistlichen Tiefenverwandlung arbeitete Ignatius täglich an der konkreten Gestaltung seines Lebens. Dafür benutzt er die so genannte besondere Gewissenserforschung, auch »Partikularexamen« (examen particulare, EB 23–42) genannt. Sie arbeitet nach der alten römischen Devise »Divide et impera!«: »Teile und herrsche!« Auf gut Deutsch: Nicht alles auf einmal. Alles der Reihe nach. Sie bedeutet die wochenlange Arbeit an einem Punkt, an dem man sich ändern möchte: den Schreibtisch aufräumen; freundlicher mit anderen kommunizieren; regelmäßig sich Zeit für ein Gespräch mit den Kindern nehmen, Essgewohnheiten umstellen usw.

Schritte für Übungen zur Lebensgestaltung

Wenn es stimmt, dass »der Weg zur Hölle mit guten Vorsätzen gepflastert« ist, dann hieße Einübung ins Leben, immer wieder bei einem einzelnen Anliegen zu bleiben. Bleibe bei *einem* Punkt,

– der dir persönlich wichtig ist und wo du Leidensdruck spürst bzw. Zukunftsmöglichkeiten ahnst …
– für den du dich frei entscheidest: Selbsterziehung als Form der Freiheit …

58

– möglichst längere Zeit: Eingewöhnung ist angefragt und braucht Zeit …
– und suche dir Erinnerungshilfen: Ignatius empfiehlt, sich jeden Tag eine kurze Aufzeichnung zu machen, wie es einem erging mit der »Umerziehung«. Eine andere wichtige Hilfe ist für ihn der »Syndikus«, d.h. ein »Mitwisser«. Diesem kann ich zwei Monate lang jede Woche einmal kurz sagen, wie es mir mit meinem Einüben geht. Auch geistliche Begleitung bzw. häufigere Beichte kann Erinnerungshilfe sein.
– Erinnere dich in der intensiven Übungszeit morgens – mittags – abends – zwischendurch an dein Projekt der Abgewöhnung, Umgewöhnung, Lebensgestaltung.
– Formuliere dein Ziel bzw. Teilziele konkret und klar: Was wäre die »Erfüllung«?
– Mache keine zu großen Vorsätze! – Peter Faber, ein Gefährte von Ignatius, spricht einmal vom »Vorsatz, den man mit nur geringer Gnade Gottes« verwirklichen könne. Also: Was ist mein »geringstmöglicher Vorsatz«? Den tu. Und tu den nächsten Schritt – mit »fröhlicher Hartnäckigkeit« (C. Bamberg).

Einsichten, die bei diesem Einüben neuer Lebendigkeit helfen können, sind Worte wie:
»Vom Kennen zum Können führt nur das Üben« (O. F. Bollnow).
»Gewohnheiten sind die Muskeln der Seele« (A. Gehlen).
»Wer übt, hofft« (A. Lefrank SJ).
»Die Liebe ist geduldig« (1 Kor 13,4).

14. Nur eines ... – Das »Allgemeine Vorbereitungsgebet«

Die Formulierung im Exerzitienbuch »Allgemeines Vorbereitungsgebet« mag tatsächlich sehr allgemein, ja seltsam klingen. Umso bedeutsamer ist, was Ignatius damit meint. Er spricht in einem kurzen Gebet den Urwunsch für sein ganzes Leben, den Pulsschlag seines spirituellen Herzens, aus. Seine wahre Bedeutung kann man vielleicht erfassen, wenn man sich selber die Aufgabe stellt: Ich möchte in ein, zwei Sätzen ausdrücken, was der tiefste Wunsch für mich, für die Gestaltung meines Lebens und der Beziehung zu Gott ist. Man kann sich Zeit nehmen und Worte, Wünsche, Wirklichkeiten, Bilder kommen lassen und dann wie Mosaiksteine anschauen: Welche möchte ich in mein Ur-Wunsch-Gebet aufnehmen? Bei Ignatius liest sich sein Herzenswunsch so: »Das Vorbereitungsgebet ist: von Gott unserem Herrn die Gnade erbitten dazu hin, dass alle meine Absichten, Handlungen und Beschäftigungen rein auf den Dienst und das Lob seiner göttlichen Majestät geordnet seien« (EB 46).

Man kann sich in das Gebet von Ignatius einfühlen, hineindenken, schauen, was dies mit einem macht, es ein wenig umändern oder versuchen, sich ganz darin unterzubringen. – Wenn man davon ausgeht, dass Ignatius einlädt, diese Bitte unverändert zu lassen und sie vor jeder Gebetszeit als Einstimmung und innere Ausrichtung zu beten, dann kann man noch einmal etwas von der Bedeutsamkeit des »allgemeinen Vorbereitungsgebetes« ahnen.

15. Bittendes Beten –
»Was willst du, dass ich dir tue?«

Es kann erstaunen, welche Rolle das Bitten im Beten bei Ignatius spielt: als Stoß- und Schreigebet in seinen Nöten; als Einstimmung im immer gleich bleibenden Vorbereitungsgebet in den Exerzitien; schließlich in der Einladung, vor jeder Meditation auszudrücken, was man ersehnt für die Zeit des Gebetes. Anhand der Bitten – es sind mehr als die aufgezählten – könnte man die verschiedenen geistlich-seelischen Landschaften des ganzen Exerzitienweges durchgehen:

– »Bitten um das, was ich begehre: das ist hier stets wachsender und intensiver Schmerz und Tränen über meine Sünden« (EB 65).
– »Bitten um das, was ich begehre: hier soll ich um innere Erkenntnis des Herrn bitten, der dazu für mich Mensch geworden ist, dass ich Ihn je mehr liebe und Ihm nachfolge« (EB 104).
– »Ich bitte um das, was ich begehre: hier soll es Schmerz, Ergriffenheit (sentimiento) und Beschämung sein, weil meiner Sünden wegen der Herr zum Leiden geht« (EB 193).
– »Bitten um das, was ich begehre: das ist hier um die Gnade, mich intensiv zu freuen und fröhlich zu sein über die so große Herrlichkeit und Freude Christi unseres Herrn« (EB 221).
– »Bitten um das, was ich begehre: das ist hier: bitten um eine tiefe Erkenntnis so großer empfangener Wohltaten, damit ich sie ganz und gar anerkenne

und so in allem Seine göttliche Majestät lieben und ihr dienen kann« (EB 221).

Beim Bitten geht es nicht darum, von außen aufgedrängte fromme Wünsche auszusprechen. Im Gespräch mit der Exerzitienbegleitung bzw. mit sich selber wird ja zunächst ausgelotet, welche Fragestellung, welches Bedürfnis oder welche Sehnsucht aktuell ist; dann wird ein entsprechender Text gewählt, der dem eigenen Suchen und Verlangen entspricht.

Das Bittgebet wird nicht selten kritisch hinterfragt: Wie ist Gott beeinflussbar? Oder ganz lebenspraktisch: Wann hilft er wirklich? Unbestritten freilich ist, dass Jesus verspricht, dass, wenn man darum bittet, der Geist Gottes gegeben wird in »vollem, gerütteltem, gehäuftem, überfließendem Maß«. Und noch anders gesehen: Jesus fragt immer wieder Menschen: »Was soll dir geschehen? Was willst du, dass ich dir tue?« Und er selber bittet für die Menschen, dass sie eins sein mögen, so wie er im Vater und der Vater in ihm ist. Und das Gebet, das alle Christen eint, das Vaterunser, lebt ganz aus dem Geist des Bittens: Geheiligt werde dein Name – dein Reich komme – dein Wille geschehe – vergib uns unsere Schuld – führe uns nicht in Versuchung – erlöse uns von dem Bösen: Denn dein ist das Reich und die Kraft und die Herrlichkeit in Ewigkeit. Amen.

Bitten im und als Gebet?! – Im Bitten wird Menschsein offenbar: Wir brauchen andere, einander und sind nicht völlig autonom und autark; der Bittsteller ist demütig und drückt sein Bedürfnis, seinen Mangel aus; wir trauen dem andern Hilfsbereitschaft und Hilfsfähigkeit zu; wir kommen miteinander in Beziehung – »Alles wirkliche Leben ist Begegnung« (M. Buber).

16. Wegschritte der ignatianischen Schriftmeditation

Weg und Ziel

Was dem Leben von Ignatius eine andere Wendung gab, war der Blick auf Jesus Christus. Auf seinem Krankenlager las und meditierte er »Das Leben Christi« von Ludolf von Sachsen. Dies bewirkte nach und nach eine Umwandlung seines bisherigen Lebens, seiner Wertewelt, seines Fühlens, seiner Ziele und seiner Lebensweise. Christus wurde zu seinem Leben. So ist es nicht verwunderlich, dass er in seinen Exerzitien die Meditierenden einlädt, sich durch die biblischen Schriftmeditationen innerlich immer mehr von Jesus Christus, von seinem Geist berühren zu lassen. Was er ersehnt, ist, »sich von Gott in Liebe umfassen, umarmen und so die Liebe in sich selber wecken zu lassen« (EB 15); sich Gott »zu nähern und zu ihm zu kommen« (EB 20); sein Leben zu gestalten und zu ordnen in Kontakt mit dem Liebeswillen Gottes (vgl. EB 22 f.). Für alle Schriftmeditationen kann – in leichten Abwandlungen je nach Text bzw. innerer Situation – seine Bitte gelten: »Innere Erkenntnis des Herrn erbitten, der für mich Mensch geworden ist, damit ich ihn mehr liebe und ihm nachfolge« (EB 104).

Ein wenig mit den Worten »Ort, Verortung, Wort, Vor-Wort« usw. spielend, kann die Schrittfolge des Gebetsweges beim Meditieren der Heiligen Schrift vielfältig beschrieben werden. Dabei muss im Vorhinein betont werden: Bei der Vielzahl der Schritte kann einem der Weg der Betrachtung fast zu kompliziert vorkommen. Wenn man genau hinschaut, wird man sehen, dass sich jedenfalls die Grundschritte natürlicherweise und unbewusst ergeben: sich einstellen auf den Text – versuchen, ihn möglichst lebendig werden zu lassen – mit sich selber in Verbindung bringen – daraus eine Gebetsbeziehung zu Gott, zu Christus werden lassen – die Bedeutung für den Alltag suchen.

Das Vor-Wort – die entfernte Vorbereitung

Man wählt einen »Stoff«, d.h. einen Text aus der Bibel, aus; vielleicht schon am Abend zuvor: Man liest die Stelle und nimmt die Worte und Bilder in den Schlaf mit.

Und man kann am Morgen beim Aufwachen nochmals innerlich die Stelle wachrufen, ohne sich in einem Vielerlei von Gedanken zu verlieren.

Der Ort – die Einstimmung

Man wählt bewusst einen gleich bleibenden Ort in einem Zimmer, eine einfach gestaltete Meditationsecke. Vor diesem Platz stehend oder gehend, soll eine Ausweitung des Bewusstseins geschehen: vielleicht ein Blick durchs Fenster, eine Positionierung im Universum – vor dem Gott, in dem »wir leben, uns bewegen und sind« (Apg 17,28).

Und natürlich dann die Positionierung auf dem Stuhl, dem Hocker und in der Haltung, die einem gerade hilfreich ist: Sitzen, Knien, Stehen, Liegen – je nachdem, was mehr hilft (vgl. EB 76).

Die fundamentale Verortung –
das »allgemeine Vorbereitungsgebet«

Die geistige Verortung geschieht für Ignatius durch
sein immer gleich bleibendes »allgemeines Vorbereitungsgebet«: »Herr, mein Gott, gib, dass all meine Absichten, Handlungen und Betätigungen rein auf den
Dienst und Lobpreis deiner göttlichen Majestät hinge-
richtet seien« (EB 46). Hier spricht man – vielleicht in
einer eigens gefundenen Formulierung – die Ur-
Sehnsucht der eigenen religiösen Lebensdynamik
aus.

Das Wort – die Hinführung zum Text

Die erste Annäherung an das Wort des Evangeliums
geschieht durch langsames, aufmerksames, vielleicht
mehrfaches Lesen, Wort für Wort. Man kann die folgenden Worte abdecken, um wirklich von jedem neu-
en Wort sich überraschen zu lassen. Schon dies kann
viele Entdeckungen bringen.
Danach geschieht ein »Aufbau des Schauplatzes«, bei
dem man sich die Szenerie des Textes, sozusagen die
Kulissen, möglichst direkt mit allen Sinnen zu verge-
genwärtigen sucht.
Bevor es dann richtig »losgeht«, lässt Ignatius den Betenden seine Sehnsucht für diese spezielle Gebetszeit
ausdrücken. Er glaubt an die Kraft von Herzenswün-
schen.

Textwirklichkeit – lebendige Begegnung

Hier geht es um die lebendige Begegnung mit dem
Text bzw. mit der Wirklichkeit, die sich darin zeigen

möchte bzw. die ich darin suche. Dabei kann vieles helfen:

- Man kann die handelnden Personen und die Dramatik und Richtung des Geschehens möglichst lebhaft wahrnehmen, sich in sie hineinleben. Vielleicht so, wie wenn man Regisseur der ganzen Szene wäre und selber auch eine Rolle übernehmen dürfte.
- Man kann auch zur Verlebendigung der Begegnung den Text in der Ich-Du-Form lesen bzw. durchleben: »Und da kamst du, Jesus, und sahst hinauf zu dem Baum, auf dem ich saß« usw.
- Manchmal hilft es, die Haltung, die Geste einer der handelnden Personen einzunehmen, etwa der Frau, die Jesus die Füße beträntt, oder die Haltung von Petrus, der sich von Jesus die Füße waschen lassen muss, um Gemeinschaft mit ihm haben zu können.

Was durch solche Verlebendigung geweckt wird, dem soll man dann längere Aufmerksamkeit widmen; sei es dem, was mich sehr anspricht, sei es dem, was mich zum Widerspruch reizt. – Wenn ein Text sehr schwierig wird, rät Martin Luther, man solle einen Text an Christus schlagen wie eine Nuss an einen Stein, bis sie ihr nährendes Inneres freigibt. Weil es auch harte Nüsse gibt – »Herr, diese Worte sind hart, wer kann sie hören?« –, setzt Ignatius zur Vertiefung auf wiederholte Betrachtungen derselben Stelle.

Das Selbst-Gespräch

Wenn man sich genügend lange – in Exerzitien ist das viermal am Tag eine Stunde – auf das biblische Geschehen eingelassen hat, heißt es: »Sich auf sich selbst zurückbesinnen«, »Was bedeutet dies für mein Leben?« – Diese Formulierungen im Exerzitienbuch laden immer wieder ein, nicht nur den biblischen Text auf sich wirken zu lassen, sondern »eine Frucht zu pflücken«, d.h. sich zu fragen: Welche Bedeutung hat die Meditation für mein Selbstverständnis, für mein konkretes alltägliches Leben und Lieben?

Das Zwiegespräch

Gegen Schluss der Gebetszeit lädt Ignatius zu einem Zwiegespräch ein: mit Gott, mit Christus, mit Maria, mit Personen der meditierten Geschichte. Dies gibt den inneren Bewegungen noch einmal eine neue Intensivierung und Ausrichtung. – So ähnlich wie wenn man etwas für sich allein bedacht hat und dies sich dann anders zeigen kann, wenn man mit verschiedenen Personen darüber ins Gespräch kommt. – Wie antwortet Gott in diesem Zwiegespräch? Gottes Sprache ist die Wirklichkeit selber; Gottes Sprache ist die Stille; und Gott kommt in meinen eigenen Gedanken und Empfindungen zu Wort. Und manchmal wird er als unmittelbar gegenwärtig erfahren.

Das Schluss-Wort

Den Abschluss kann ein vertrautes Gebetswort wie das Vaterunser, eine Verneigung, ein Kreuzzeichen u.Ä. bilden. Dabei überlässt man sich dem großen Strom des Betens der Kirche von der biblischen Zeit bis in die Gegenwart hinein. Das Ich betet im Raum des Wir.

Das Nach-Wort – Rückblick und Auswertung

Nach dem Abschluss der Gebetszeit lässt Ignatius noch einige Minuten auf die Gebetszeit zurückblicken: Wie war die Meditationszeit? Was fällt mir auf? Was klingt nach? Was möchte ich mir mit einigen Stichworten notieren, damit es besser nachwirkt? Wovon möchte ich, dass es weitergeht in meinem Leben? Der innere Weg und seine Botschaft und Wirkung sind so besser zu erkennen und zu beschreiten.

Wie oft noch? – Wiederholung und Vertiefung

Nicht selten spürt der Bibelleser die Not Jesu bei seiner Verkündigung des Wortes. Es scheint schwer zu sein, dass *das Wort* wirklich zu Wort kommt: »Versteht ihr immer noch nicht? Ist denn euer Herz verstockt?« (Mk 8,17). Also: Wie oft muss ich es euch noch sagen? Die Erfahrung von Ignatius, dass Wiederholung vertieft, verinnerlicht und das Wort Zeit braucht und Pflege, dass es Wurzel fassen, keimen und sprossen kann, schlägt sich auf dem Exerzitienweg nieder. Für die vier oder fünf Betrachtungen am Tag gibt er meistens nur zwei verschiedene Anregungen, »Inhalte«. Dadurch wird der Text wirklich ausgelotet, vereinfacht sich, und es kann sich ein schlichtes Verstehen, Verweilen, Verkosten und Verbleiben einstellen: »Bleibt in mir, dann bleibe ich in euch (Joh 15,4 ff.).

17. Beten macht frei

Ohne Freiheit, Gelassenheit, »Indifferenz« sei überhaupt kein Wachstum im geistlichen Leben möglich, so Ignatius (EB 189). Wer nur um das eigene Ego kreist, wer auf bestimmte Werte, Personen, Situationen unfrei fixiert ist, der verliert seine Lebendigkeit bzw. kann sie nicht gewinnen. Indifferenz heißt, immer freier werden von dem, wodurch man sich erpressen oder verführen oder lähmen lässt. Es geht nicht um eine »Selbst-Verleugnung«, die ein Verrat an sich selber wäre. Es geht um eine Fähigkeit zum freien Ja und zum freien Nein und damit auch zum Verzicht, wenn es dessen bedarf. Befreiung im Gebet heißt, der eigenen inneren Wahrheit immer näher zu kommen. – Welche Gebetsweisen bzw. geistlichen Übungen können eine helfende Vorbereitung dafür sein, freier zu werden?

Das Seelennebelgebet zum Gott-Therapeuten

Bei entsprechender Witterung kann man manchmal aus frisch gepflügten Äckern Nebel aufsteigen sehen, manchmal wunderbar beleuchtet durch die Morgensonne. Dies kann ein Bild abgeben für eine bestimmte Art zu beten, sozusagen für ein »Seelennebelgebet«. Biblisch wird sie als »Herz ausschütten« bezeichnet (1 Sam 1,15). Ignatius hat dies oft gepflegt in der Zeit seiner Krankheit. Man könnte auch sagen, dass man Gott für sich Therapeut sein lässt. Wenn es hilft, kann man auf der »Couch« liegen und dann alle inneren Regungen sich zu Bewusstsein kommen lassen: Freude und Angst, Dankbarkeit und Selbstzweifel, Gottesfragen und Lebensjubel, Zorn und Niedergedrücktheit usw. Dieses Geschehen kann dazu helfen, sich selber klarer zu erkennen, freier zu werden und im Anvertrauen Vertrauen wachsen zu lassen. Eine Ermutigung dazu ist der Psalm 139, der zum Ausdruck bringt, dass man sich von Gott erkannt weiß: »Herr, du kennst mich und durchschaust mich, du bist vertraut mit all meinen Wegen.« Sicher mag auch eine Angst vor dem »Auge Gottes« aufkommen. Aber schaut er anders als liebend auf uns? Und haben wir nicht die Sehnsucht, zu erkennen und erkannt zu sein? Jedenfalls drückt Paulus dies so aus: »Jetzt erkenne ich unvollkommen, dann aber werde ich durch und durch erkennen, so wie ich auch durch und durch erkannt worden bin« (1 Kor 13,12).

Schmerz, der Schmerzen heilt

Was uns unfrei sein lässt, das sind unsere – manchmal berechtigten, manchmal aus der Luft gegriffenen – Ängste und Vorstellungen. Wie davon frei werden? Ein Erstes ist es, die Wahrheit und Wirklichkeit der inneren Regungen zuzulassen. Dann gilt es, zu erkennen, dass unter Gefühlen wie Wut, Angst, Ärger, Ohnmacht usw. zumeist ein Schmerz liegt, eine Trauer über etwas, das einem kostbar schien und das verweigert, weggenommen oder bedroht wurde. Wer dann am Schmerzpunkt angelangt ist, der ist näher an der Heilung. Sicher legt sich zunächst nahe, fair zu verhandeln und zu kämpfen um das, was einem kostbar ist. Wenn dies nicht weiterhilft, wenn man sich nur noch die Köpfe blutig schlägt, nur noch Ohnmacht produziert, sind andere Schritte angezeigt und Fragen zu stellen: Wie wichtig ist das, worum sich der Schmerz dreht, mir selbst? Hängt wirklich sozusagen das Glück des ganzen Lebens daran? Wäre der Verlust wirklich so schlimm? Soll ich noch zuwarten? Dies sind Versuche, die Situation ein wenig einzuordnen, zu relativieren, zu entdramatisieren. Freilich, irgendwann kommt man an den Punkt des Verzichtens. Kann und will ich Unmögliches hinter mir lassen? Mein Ja zu Vergebung und Versöhnung sagen? Auch wenn das Gegenüber nicht will? Wenn nicht, dann bleibe ich ohnmächtig unter der Macht dessen, der mich verletzt hat, weil ich erst glücklich bin, wenn er sich entschuldigt und Genugtuung leistet. So lange bleibe ich sein Opfer. Will ich das?

18. Frei durch Versöhnung –
Die »Generalbeichte«

Befreit aus dem Netz des Jägers

Soeben hatte Ignatius noch überlegt, ob er »die Ehre Mariens«, die er in einer Diskussion über deren »Jungfräulichkeit« gefährdet sah, durch einige Dolchstiche gegen seinen Gesprächspartner wiederherstellen sollte (EB 15). Und jetzt, auf dem Montserrat-Gebirgszug im Benediktinerkloster angekommen, »betete er lange und besprach sich mit einem Beichtvater«. Dann legte er eine schriftlich aufgezeichnete Generalbeichte ab, und diese Beichte dauerte drei Tage (PB 17). Da musste sich im Leben dieses jungen Mannes einiges angesammelt haben! – In seinem Exerzitienbuch gibt er dann die Hinweise zu einer »Generalbeichte« (EB 44 ff.). Von diesem Vorgang soll nur gesagt werden, dass er in einer Atmosphäre des Gebets geschieht und dass er nicht anfängt mit Betrachtungen der eigenen, persönlichen Schuld. Ausgangspunkt ist die Verflechtung des Menschen in die Geschichte, in das Netz, in die Strukturen der Sündigkeit. Am Anfang von Menschenfeindlichkeit stehen Verletzungen, die einem zugefügt wurden und werden. Und dann kommt der Blick darauf, wie »ich persönlich« dieses böse Spiel mitspiele. Die Befreiung aus diesem »Netz des Jägers« geschieht durch einen Schritt des Vertrauens und der Wahrhaftigkeit. Die Dunkelheiten, die Finsternisse des eigenen Lebens lässt man sich zu Bewusstsein kommen; man setzt sie dem Licht Gottes aus, man vertraut auf die Botschaft: »Die Wahrheit wird euch frei machen« (Joh 8,32). – Zumeist wird vergessen, dass die Überschrift dieser »geistlichen Übung« nicht nur »Generalbeichte« heißt, sondern »Generalbeichte mit Kommunion«. Damit ist gesagt, dass im Anvertrauen, im Leben der Wahrhaftigkeit Gemeinschaft, »communio«, geschaffen bzw. neugeschaffen wird.

»Sprechen wie ein Freund mit einem Freund«

Das Geschenk von Gemeinschaft durch Versöhnung gehört zur Mitte der Verkündigung Jesu. Das Leben Jesu selbst ist überreich an Szenen, die mit der Befreiung von Menschen zu tun haben. Befreiung von ihrer Schuld: »Deine Sünden sind dir vergeben. Nimm deine Bahre und geh!« Die Geschichten im so genannten Evangelium im Evangelium von der verlorenen Drachme, vom verirrten Schaf, vom barmherzigen Vater (Lk 15) und viele andere Begegnungen zeigen, wie zentral die Botschaft und das Geschehen von Versöhnung für Jesus sind. Die Betrachtung dieser Szenen und das daraus erwachsende Beten sollen den Menschen neue Hoffnung auf ein Leben in liebevoller Beziehung geben.

Jesus, der sich am Ölberg und am Kreuz frei-kämpft, frei-leidet von seinen eigenen Vorstellungen und das Geschehen ganz seinem »Abba« überlässt, vollendet sein Leben und Sterben am Kreuz mit Worten der Versöhnung: »Vergib ihnen, sie wissen nicht, was sie tun.« – Ignatius lädt ein, in ein inneres Zwiegespräch mit der gekreuzigten Liebe Gottes einzutreten. »Sprechen wie ein Freund mit einem Freund oder ein Diener zu seinem Herrn« (EB 53–54).

Als die Jünger nach dem Tod Jesu niedergeschlagen und verzweifelt auf dem Weg nach Emmaus waren, ging Jesus, zunächst unerkannt, mit ihnen und fragte, was sie so bedrücke (vgl. Lk 24). Erst als sie ihr Herz ausgeschüttet hatten, wurde ihnen eine andere Sicht und Einstellung zum Geschehenen möglich. So ähnlich kann man auch einen Gang in der Phantasie, sozusagen virtuell, machen mit einem »schwierigen Mitmenschen«. Dabei kann man in sehr subjektiver Sprache und ungehindert aussprechen, was das Tun, das Verhalten, das Reden des andern im eigenen Fühlen und Denken und Verhalten auslösen. Wenn man sich dies alles von der Seele geredet hat, dann die Stille in einem selber aushalten und horchen, ob etwas aufsteigt. Man kann diesen Weg auch wie die Emmausjünger in der Gegenwart des auferstandenen Christus gehen und um das Wirken seines Geistes der Versöhnung bitten.

19. Beten am Abgrund und in Anfechtung

Versuchung zum Selbstmord

Seine wohl dunkelste Lebensphase charakterisiert Ignatius mit den Worten: »Es kamen ihm oftmals heftige Versuchungen, sich durch ein großes Loch zu stürzen, das sich in seiner Zelle neben dem Ort befand, wo er immer betete« (BP 24). Dramatischer kann eine Gebetssituation kaum dargestellt werden. Ein Sprung hindurch in der Hoffnung, der äußere Abgrund möge den inneren verschlingen. Was hat Ignatius so nahe an den Abgrund geführt? Er erzählt dies in seinem »Bericht des Pilgers« als eine Zeit furchtbarster Skrupel. Er fühlte sich gequält von schrecklichen Gewissensbissen und einem nicht enden wollenden Schuldbewusstsein. Er beichtete, weil ihm wieder und wieder neue Erinnerungen kamen, wohl an seine Raufereien, seine massive Aggressivität, seine erotischen Abenteuer, seinen unbändigen Ehrgeiz, seinen mörderischen Ehrbegriff, der im militärischen Abenteuer auf Pamplona das Leben anderer gefährdete usw. In dieser schrecklichen Situation tauchte in ihm der Gebetsgedanke auf: »Da er jedoch wusste, dass es eine Sünde war, sich selbst zu töten, fing er wieder an zu schreien: ›Herr, ich werde nichts tun, was dich beleidigt‹« (BP 24). Kein gehauchtes Gebet in andachtsvoller Atmosphäre war dies, sondern ein einziger Aufschrei. Schon früher bekennt er ausdrücklich, »dass er laut zu Gott aufzuschreien begann: ›Komm mir zu Hilfe, Herr, denn ich finde keine Hilfe, weder bei den Menschen noch bei irgendeinem Geschöpf. Denn wenn ich dächte, sie finden zu können, wäre mir keine Mühe zu groß. Zeige du mir, Herr, wo ich sie finde. Und selbst wenn ich einem Hündchen hinterherlaufen müsste, um Hilfe zu erhalten, würde ich es tun‹« (BP 23).

Der Umschwung

Was bewahrte Ignatius vor dem Sprung in den Absturz? Er beschreibt den Abschluss dieser Phase mit den Worten: »Am Schluss all dieser Gedanken überkam ihn ein Abscheu vor dem Leben, das er führte, und zugleich ein heftiger Antrieb, es ganz aufzugeben. Damit wollte der Herr ihn wie aus einem Schlaf aufwecken. … Und so beschloss er mit großer Klarheit, von den vergangenen Dingen nichts mehr zu beichten. So blieb er von diesem Tag an frei von jenen Skrupeln und hielt es für gewiss, dass unser Herr ihn durch seine Barmherzigkeit hatte befreien wollen« (EB 25). Dieser »Beschluss« kann in zwei Richtungen verstanden werden: Einmal war es ein innerer Aufstand des Lebens gegen die Selbstzerstörung; eine Art spirituelles Erbrechen: So geht es nicht mehr weiter! Das ist ja zerstörend! Schluss damit!

Und die Erlösung kann und muss auch in dem Sinn verstanden werden: Ignatius hatte zuvor in seinem Innersten Gott und seinen Weg mit Christus gefunden. Was da jetzt »unter dem Anschein des Guten« – ein ganz reines Gewissen zu haben – lief, das wurde allmählich zur Versuchung, den Christus-Weg aufzugeben, ihn also von seiner innersten Ausrichtung, seinem Lebenssinn abzubringen. Das konnte nicht vom Guten herkommen. Also Schluss damit! Ignatius hat den innerlich erfahrenen Umschwung mit seiner eigenen klaren Entscheidung bestätigt und festgemacht. Er fühlte sich fortan als frei.

Anfechtungen

Es mag sein, dass Gewissensskrupel, wie sie Ignatius berichtet, nicht mehr so häufig sind wie in Zeiten einer allzu engen Gewissenserziehung. Aber es gibt andere, manchmal ähnliche seelische Zwänge, die in Enge, ja Verzweiflung treiben: ein Perfektionismus und Leistungszwang, der das eigene Leben und das anderer in eine schreckliche Zwangsjacke steckt; Hyperkultivierung von Schönheitsidealen, die eine Art säkulares Abbild von religiösem Reinheitswahn sein können; ein Moralismus, der ohne das Erbarmen von Gott und Menschen auszukommen versucht; ein Selbstbild, das sagen lässt: »Dies kann ich mir nicht verzeihen!« usw. – Dass es möglich ist, Gott am Abgrund zu finden, mitten in der Anfechtung, im Kampf, in der Ohnmacht, das zeigt der Weg von Ignatius.

20. Der weinende Gotteskämpfer – Seufzen im Heiligen Geist

Ein Herz aus Fleisch und Blut

Es klingt noch ein gewisser Stolz des über 60-jährigen Ignatius durch, wenn er erzählt, er habe ohne Narkosemittel eine operative »Schlächterei« an seinem verletzten Bein über sich ergehen lassen: Es »kam kein Laut über seine Lippen, und er ließ sich den Schmerz nur dadurch anmerken, dass er seine Fäuste fest ineinander verkrampfte« (vgl. EB 2–5). Ein »Weichei«, ein »Softie« war der Höfling Ignatius ganz sicher nicht. Und doch ist er zu einem Mann der Tränen geworden. Er weinte, seufzte, schluchzte. Und seine Tagebuchaufzeichnungen bestehen vor allem gegen Schluss hin fast nur noch in der »Verzeichnung« seiner Tränen: »Tränen, viel Tränen«. In den Exerzitien lässt er den Beter um Tränen bitten; Tränen der Reue, des Schmerzes, der Freude. Und doch betont er immer wieder, dass es in der Andacht nicht in erster Linie um Tränen und Gefühlsfülle gehe. Als der Arzt ihm gebot, nicht mehr so viel zu weinen – es sei nicht gut für seine Augen –, hielt er sich zurück und erhielt, wie ein Mitbruder vermerkt, mehr inneren Trost als mit den Tränen (Memo 183).

Sich dem Seufzen des Geistes überlassen

Nicht selten können Tränen ein Aufbrechen und Weichwerden von Verhärtetem und Vereistem signalisieren und das Wirken des Geistes in der menschlichen

Seele. Jesus selber weint am Grab seines Freundes Lazarus und vor den Mauern Jerusalems, das seine Friedensbotschaft nicht aufnimmt. Paulus gibt diesem Weinen seinen vielleicht tiefsten Sinn: »Der Geist nimmt sich unserer Schwäche an. Denn wir wissen nicht, worum wir in rechter Weise beten sollen; der Geist selber tritt jedoch für uns ein mit Seufzen, das wir nicht in Worte fassen können« (Röm 8,26 f.). – »Seufzen im Heiligen Geist«, auch dies kann eine Weise des Betens sein. Wir dürfen uns eingeladen fühlen, zu seufzen in allen Tonlagen und in allen Lautstärken, die man sich der Umgebung wegen erlauben kann. Nach jedem Seufzen eine Pause lassen. Und dann wieder ein Seufzen, ein Aufatmen, einen Befreiungsseufzer, ein Ächzen aufsteigen lassen, auch wenn man sich dabei zunächst etwas komisch vorkommt. Man braucht gar nicht zu wissen, was sich in diesem Seufzen ausdrückt. An einem inneren Aufatmen, an einer verspürten Erleichterung kann man wahrnehmen, dass man durch solches »Seufzen im Geist« Anteil bekommt an der Wahrheit, die frei macht.

Belauschte Stoßseufzer

Beim Seligsprechungsprozess von Ignatius erzählt Juan Pascal, dass er als Bub gelegentlich den betenden Ignatius belauschte, der bei ihnen Unterkunft gefunden hatte. Oft waren es Stoßseufzer, die er mitbekam: »Wie unendlich gut bist du, o Gott, dass du sogar einen Sünder wie mich erträgst.« Oder auch: »Mein Gott, wenn dich die Menschen kennen würden!« Wie viel liegt in diesem Wort. Und wie viele Rufe der Psalmen sind Stoßseufzer! Was sagt Franziskus mit seinem Ruf: »Mein Gott und mein Alles!«, oder Bruno, der Karthäuser, mit seinem wiederholten »O bonitas« – »O Güte, o Gutsein!«. Ein letztes Stoßgebet von Ignatius ist aus der Nacht seines Sterbens überliefert. Es war niemand direkt bei ihm, aber der Krankenpfleger im Zimmer nebenan hörte die Worte: »Ay Dios. Ay Jesus!« »O Gott. O Jesus«. Wenn es stimmt, dass der Ton die Musik macht, welcher Ton lag in diesen Worten, in diesem Ay? War es ein Ausdruck von Schmerz und Schwäche und Seufzen: »Ach!!«? War es ein staunend-leises Jubeln: »Aah!«? Beides schwingt im spanischen Wortlaut mit. Und beides hat Ignatius wohl erlebt.

21. Lesen in Exerzitien – Verschlingen oder verkosten? (EB 100)

»Ich habe ein Buch mitgebracht in die Exerzitien. Geht das, wenn ich das lese?« Gelegentlich wird so gefragt. Da gibt es wohl zumeist den Hinweis: »Das kann ablenken, eine Ausflucht sein. Setzen Sie sich ruhig auch der Leere aus. Bleiben Sie bei Ihren wirklichen Fragen und lesen Sie sich nicht schnell eine Antwort an.« Die Besorgnis, die in solchen Worten mitschwingt, ist berechtigt. Vor allem für Leseratten, die bloß konsumieren statt meditieren, die herunterschlingen, statt zu verkosten. Hier gilt besonders das Wort: »Nicht das Vielwissen sättigt die Seele, sondern das Verkosten der Dinge von innen« (EB 2).

Aber andererseits braucht man nicht zu vergessen oder zu unterschlagen, dass Ignatius im Exerzitienbuch auf die Möglichkeit, während der Exerzitien zu lesen, ausdrücklich hinweist: »Für die zweite Woche und die folgenden ist es sehr förderlich, zuweilen in den Büchern der Nachfolge Christi oder in den Evangelien und den Leben der Heiligen zu lesen« (EB 100). – Freilich nicht jedes Buch. Es gibt solche, die ins bloße Träumen, Phantasieren, Aufbau und Abbau von Spannungsgefühlen verleiten. Das kannte Ignatius auch aus der Lektüre seiner Ritter- und Liebesromane. Da konnte er sich hineinphantasieren als den großen Helden und raffinierte Pläne aussinnen, wie er zu einer geliebten Dame gelangen könne. Freilich, nach seiner Kriegsverletzung, auf dem Krankenlager, hätte er genügend Zeit gehabt, aber die Burgbibliothek war auf einem Regal unterzubringen: Ein »Leben Christi« von

Ludolf von Sachsen und eine Sammlung von Heiligenbiographien war so ziemlich alles. Diese Lektüre war für seinen Sinneswandel, seine Lebensperspektive entscheidend wichtig: Hier wurde sein Blick auf Jesus Christus gelenkt; hier las er Anleitungen zur Betrachtung der Heiligen Schrift, und hier sah er, wie Menschen, Heilige, versuchten, das Evangelium zu leben. Dies ist wohl der Grund dafür, warum er auf die Möglichkeit zu einer begleitenden Lektüre während der Exerzitien hinweist. Natürlich soll dies eine Literatur sein, die dem Sinnziel der besinnlichen Tage dient.

Auf jeden Fall kann es nicht selten hilfreich sein, in Exerzitien danach zu fragen, welche Bücher für einen selbst im Leben wichtig gewesen waren. Für manche standen Bücher an einer Lebenswende. Was hat mich an dem Buch angezogen? Was hat es in mir bewirkt? Welche Fragen und Antworten wurden mir gegeben?

Von besonderer Bedeutung ist natürlich die Lektüre der Bibel. Ignatius schreibt, dass er Stellen daraus abgeschrieben hat und die Worte Jesu rot und die Worte von Maria blau unterstrichen hat. Ein einprägsames Lesen. – Welche Bedeutung hat die Bibel für mich gehabt? Woran erinnere ich mich immer wieder? Wo komme ich nicht zurecht? Ist sie mir wegweisend geworden? Wie hat sie mir gezeigt, »wes Geistes Kind« Jesus ist? Gibt es Lieblingsstellen? Und welche? Ignatius hat, so erzählt er, des Öfteren bei der heiligen Messe immer wieder einfach die Passionsgeschichte gelesen. Vielleicht könnte man vom Lesen während und außerhalb von Exerzitien sagen: Erzähle, was und wie und wozu du liest, und du kannst daran erkennen, wer du bist.

22. Beten – Atmen der Seele
(EB 258–260)

Beten mit und im Atmen

Ignatius stellt bei den »drei Weisen des Betens« die Weise vor, »nach dem Zeitmaß (compás)« zu beten, d.h. im Rhythmus des Atmens. Diese dritte Weise des Betens besteht darin, dass man zu jedem Atemzug oder jedem Atemholen geistig (mentalmente) betet, indem man ein Wort des Vaterunsers oder eines anderen Gebetes, das gerade verrichtet wird, ausspricht, so dass zwischen dem einen und dem andern Atemzug nur ein Wort gesprochen wird und in der Zwischenzeit von einem Atemholen zum andern die Aufmerksamkeit hauptsächlich auf die Bedeutung dieses Wortes gelenkt wird oder auf die Person, zu der man betet (EB 258). Wer an dieser Weise des Betens Geschmack finde, könne so lange bei dieser Gebetsweise bleiben, wie es ihm guttut.

Variationen

– Man kann zu Beginn einer Gebetszeit einige Minuten auf das Einströmen und Ausströmen des Atems achten. Dies hilft, gegenwärtig zu werden, sich zu besinnen auf das, was man jetzt und hier tun will, freier zu werden vom Geflatter und Gewirr vieler Gedanken und Bilder. Anschließend kann man in der Weise beten, die einem gerade entspricht.
– Bei jedem Atmungsvorgang kann man einen einzelnen Satz eines längeren Gebetes, das man auswendig kennt, leise, innerlich, aussprechen:

Vater unser, der du bist im Himmel – geheiligt werde dein Name – Dein Reich komme ... usw. So kann man sich vom Atem und Wort tragen lassen wie auf einem Gebets-Floß, das einen trägt.

- Man kann während der ganzen Gebetszeit auch nur einen einzigen Psalmvers ständig innerlich beten oder etwa das so genannte Jesusgebet: »Herr Jesus Christus, erbarme dich meiner«; oder »O Gott, komm mir zu Hilfe. Herr, eile mir zu helfen.« Die beiden Sätze können auch auf das Einatmen und Ausatmen verteilt werden.
- Schließlich kann man sich zugleich sprechend und hörend hineingeben in ein einziges Wort: Amen – Amen – Amen ... oder: Du – Du – Du ...
- Letztendlich kann man alle Worte weglassen und sich ganz dem atmenden Geist überlassen, der vorher mit Worten, sozusagen einer »spirituellen Duftnote«, aufgeladen wurde.

Tragender biblischer Hintergrund für solches atmende Beten kann die Szene sein, wie Gott dem Geschöpf den »Atem des Lebens einhaucht« (Gen 2,7). Ebenso lebensspendend und intim ist die Szene, da der auferstandene Christus seine Jünger anhaucht mit den Worten: »Empfangt den Heiligen Geist.« Sich von Gottes Lebensatmen und Jesu Hauch der Liebe durchwehen und durchatmen lassen – dies ist ein Beten im Geist, der selber in uns betet.

Atme in mir, Heiliger Geist

Ein Gebet, das dem heiligen Augustinus zugeschrieben wird, ist von der spirituellen Erfahrung inspiriert, dass es ein Atmen in und mit dem Atem Gottes, dem Hei-

ligen Geist, gibt, dem man sich anvertrauen und überlassen darf:

Atme in mir, du Heiliger Geist,
dass ich Heiliges denke.
Treibe mich, du Heiliger Geist,
dass ich Heiliges tue.
Locke mich, du Heiliger Geist,
dass ich Heiliges liebe.
Stärke mich, du Heiliger Geist,
dass ich Heiliges hüte,
Hüte mich, du Heiliger Geist,
dass ich das Heilige nimmer verliere.

23. Mystik des Alltags – In allem Gott

Gott in allem suchen und finden

Eine der sympathischsten Formulierungen von Ignatius ist das Wort »Gott in allem suchen und finden«. Es ist die geistliche Kurzformel für die größte Gnade seines Lebens, die ihm an dem kleinen Fluss Cardoner bei Manresa geschenkt worden ist. Es war eine mystische Zusammenschau, wie Gott in allem und alles in Gott ist (Eph 4,6).

Wie konkret Ignatius dieses Suchen und Finden meint, schreibt er in einem Brief, in dem er rät, die Studierenden sollen sich »darin üben, die Gegenwart Gottes unseres Herrn in allen Dingen zu suchen wie im Umgang mit jemand, im Gehen, Sehen, Schmecken, Hören, Verstehen und in allem, was wir tun; denn es ist wahr, dass seine göttliche Majestät durch Gegenwart, Macht und Wesen in allen Dingen ist. Und diese Weise zu meditieren, indem man Gott unsern Herrn in allen Dingen findet, ist leichter, als wenn wir uns zu den abstrakteren göttlichen Dingen erheben und uns ihnen mühsam gegenwärtig machen. Und diese gute Übung wird, indem sie uns bereit macht, große Heimsuchungen des Herrn bewirken, auch wenn es in einem kurzen Gebet ist« (BU 350). Ignatius erklärt dieses Suchen und Finden nicht genauer. Er meint wohl ein Vielfaches damit: Die Sinne des Herzens öffnen dafür, dass alles transparent wird; aus einer »reinen Absicht«, einer Motivation der Liebe heraus leben; alles immer mehr als Geschenk und als ein Zeichen verstehen lernen, »wie sehr sich Gott in allem, soweit es nur gottmöglich ist« (EB 234), verschenkt. Man könne aus »allen seinen Übungen ein fortdauerndes Gebet machen«, indem man sie »um des alleinigen Dienstes für Gott übernimmt« (BU 149).

Mystik des Alltags

Ob Karl Rahner geahnt hat, dass sein Wort »Der Fromme von morgen wird ein Mystiker sein, einer, der etwas erfahren hat, oder er wird nicht mehr sein« zu einem der meistzitierten spirituellen Worte der letzten Jahrzehnte geworden ist? Und ob er vermutet hat, dass sein Ausdruck von der »Mystik des Alltags« so viele ansprechen würde? – In diesen Worten liegt die Verheißung, dass Glaube und Leben eins sind; dass der Werktag immer einen sonntäglichen Kern hat; dass die Schwerkraft der göttlich-menschlichen Liebe nicht nur Planeten, sondern auch die Stäubchen der Straßen des Alltags bewegt.

Das Wort von der »Mystik des Alltags« atmet schon wortwörtlich Alltäglichkeit: Geduld, Einfachheit, Lernbereitschaft, Austausch, Treue, Demut, Offenheit, Verlässlichkeit, Wahrhaftigkeit, Freundlichkeit. Es ist das Stück Brot, das gegeben wird; das Interesse am andern; Versöhnungsbereitschaft. – Viel? Wenig? Fast alles? Nelly Sachs spricht einmal davon, dass der Mensch mitten im »Errechnen des Staubes« auf »der Sehnsucht Seil« einen Sprung machen könne; der Mensch sei »entzückter Staub«.

24. Morgengebet –
Mit dem richtigen Fuß aufstehen

Erste Gedanken

»Die erste Zeit bedeutet, dass sich der Mensch während des Aufstehens am Morgen das Ziel setzt, sich sorgfältig vor jener besonderen Sünde oder jenem besonderen Fehler zu hüten, von dem er sich zu befreien und zu bessern sucht« (EB 24). Ein ziemlich steiler morgendlicher Einstieg in den Tag. Freilich nur dann, wenn jemand gerade an einer Verhaltensänderung arbeitet. Ignatius sich vorzustellen, dass er ohne eine liebevolle, ehrfürchtige und dankbare Herzensregung den Tag beginnt, ist unvorstellbar.

Welche Devise oder Anmutung kann am Anfang eines Tages stehen? »Morgenstund hat Gold im Mund ...« Wirklich? Oder geht manchen nicht öfters quälend durch ihr morgendliches Bewusstsein: »Ich fühle mich wie gerädert!«, oder pessimistisch-ironisch ausgedrückt: »Was soll aus dem Tag schon werden, wenn er mit dem Aufstehen anfängt?!« Es kann sich lohnen, das Morgenbewusstsein etwas genauer anzuschauen, fromm gesagt: das Morgengebet zu pflegen. Der Volksmund weiß um die Wichtigkeit, darauf zu achten, dass man nicht »mit dem falschen Fuß« aufsteht. Wenn man es bei Besinnungstagen, in Exerzitien, ein wenig kultiviert, im Moment des Erwachens erste Gedanken und Gefühle wahrzunehmen, dann entdecken manche, dass nicht nur Traumfetzen, Müdigkeitsschwaden durch ihr Bewusstsein ziehen. Es kann auch sein, dass sich in der Nacht, im Schlaf einiges geordnet hat und eine Lösung, ein klarer Gedanke aufblitzt. Jedenfalls lohnt es sich, das Aufwachen und Aufstehen und die morgendliche Achtsamkeit zu kultivieren.

Den Tag schon vor dem Abend loben

Vielleicht gilt nicht nur »Wie man sich bettet, so liegt man«, sondern auch »Wie man aufsteht, so geht der Tag«, d.h., es ist wesentlich, wie man sich darauf einstimmt. Karl Rahner schrieb einmal einen Text mit dem überraschenden Titel »Man soll den Tag schon vor dem Abend loben«. Dies ist die Umkehrung der Volksweisheit, man solle den Tag nicht vor dem Abend loben – aus der Sorge, dass doch noch etwas kurz vor dem Einschlafen geschieht, das den ganzen Tag verdirbt. Rahner geht davon aus, dass auch die gegenteilige Formulierung einiges für sich hat: Wenn ich einem Menschen mit einer positiven Einstellung begegne, dann erhöht dies die Chance, dass es zu einer guten Begegnung kommt. Man könnte also einen Tag begrüßen: als Geburtstag – den feiern wir ja jeden Tag und nicht nur am jährlichen Geburtstag. Den Tag begrüßen mit dem Bewusstsein: Heute, das ist der erste Tag vom Rest meines Lebens. Den Tag begrüßen mit der Glaubenszuversicht des Paulus: Wir wissen, »dass Gott bei denen, die ihn lieben, alles zum Guten führt« (Röm 8,28) – auch das, was uns zunächst und vielleicht lange Zeit schwerfällt und unverständlich erscheint. »Herr, öffne meine Lippen, damit mein Mund dein Lob verkünde!« Mit diesem Gebetswort wird das Stundengebet der Kirche eröffnet. Man kann so auch einen Tag oder jeden Tag mit seinen Stunden und Minuten eröffnen.

Dies, so ein Seelsorger für Seelsorger, habe noch am meisten gegriffen von seinen Hinweisen zum Beten: Am Morgen den Terminkalender aufschlagen und schauen, was so alles ansteht an Terminen, Begegnungen, Gesprächen, Leerstellen für Überraschungen. Und dann die Menschen, die Vorfreuden, die Probleme, den Angstschweiß dem Geist Gottes, der an diesem und an jedem Tag sein Schöpfungswerk fortführt, anvertrauen. Ein anderer Seelsorger sagte noch, er lege auf den aufgeschlagenen Terminkalender ein Kreuz und bitte um Segen für alles Durchkreuzte und darum, dass er glauben könne, dass, wie es in der Schrift heißt, »denen, die Gott lieben, alles zum Guten gereicht« (Röm 8,28).

Leben in und aus der Vorsehung Gottes. Diese Haltung drückt sich in einem Text von Dag Hammarskjöld, dem ersten UNO-Generalsekretär, aus: »Jeder Tag ist der erste. – Jeder Tag ein Leben. Jeden Morgen soll die Schale unseres Lebens hingehalten werden, um aufzunehmen, zu tragen und zurückzugeben. Leer hinreichen – denn was vorher war, soll sich nur spiegeln in ihrer Klarheit, ihrer Form und ihrer Weite.«

In welchem »Geist« soll bzw. darf ein Morgengebet geschehen? Eine Möglichkeit drückt ein kurzes Wort von Pierre Griolet aus: »Alle Morgen der Welt hüpfen aus deiner Hand. Alle Abende der Welt bergen sich in deiner Hand. Oft bist du der Einzige, der sagt: *Es ist alles gut.*«

25. Das Pausengebet

Als einmal jemand Ignatius fragte, wie oft man die Gewissenserforschung machen solle, antwortete er: »Ja machen Sie das nicht jede Stunde?« Gemeint war damit nicht ein sturer Ein-Stunden-Rhythmus. Ignatius stellte damit die Gegenfrage: Ja lebst du nicht den ganzen Tag über mit einem wachen Bewusstsein und bist du nicht aufmerksam auf dein Begegnen, dein Reden, dein Tun?! »Mach mal Pause!« war lange ein bekannter Reklamespruch. Könnte man nicht auch die Devise haben »Halt mal inne, sei Mensch«? Ignatius kannte diese Kunst der begleitenden ruhigen Aufmerksamkeit.

Mit solcher begleitenden Aufmerksamkeit machte ich während meiner Zeit als Spiritual in Rom eine eigene hilfreiche Erfahrung: Ich gab den Neuankömmlingen immer fünf Tage begleitete Einzelexerzitien. Dies konnte bedeuten, dass ich am Tag circa 17 Einzelgespräche zwischen 10 und 30 Minuten zu führen, einen Vortrag zu halten und die Eucharistie zu feiern hatte. Als mich ein Student fragte, warum ich am Ende nicht völlig erschöpft sei, fragte ich spontan zurück: »Haben Sie schon auch nur ein einziges Mal in Ihrem Leben an einem Tag 17-mal eine Pause gemacht?!« Natürlich nicht. In meiner Frage lag die Antwort: Ich habe die kleinen Pausen von zwei bis fünf Minuten richtig »zelebriert«, das hieß:

– kurz hinspüren, wie ich mich fühle: frei oder gespannt und wenn ja, warum?,
– dann mich ein wenig ausgeschüttelt und gedehnt,

– einen Blick durchs Fenster geworfen, in den Park hinaus bis ins Universum,
– und im Übrigen den Studenten, der gerade gegangen war, dem Geist Gottes und seinem Wirken anvertraut.

Diese Erfahrung habe ich irgendwann in das Wort »Pausengebet« gefasst.

Es gibt bzw. gäbe so viele große und kleine Pausen in unserem Leben: beim Aufwachen; unterwegs in der Straßenbahn; beim Gang zum Kopierraum; die Viertelminute zwischen zwei Telefonaten; das kurze Gespräch mit mir selber, wenn ich eine kleine Denkpause einlege; aufmerksames Zuhören; die fünf Minuten auf einer Parkbank oder in einer Kirche an der Straße auf dem Heimweg. Da kann man einfach atmen, sich innerlich frei schütteln und auch einen Gebetswunsch, wenn er aufsteigt, da sein lassen: »Lass mich jetzt offen sein und meine Angst überwinden!« Es gibt Lehrer, denen fünf Sekunden Innehalten vor dem Klassenzimmer hilft. Einen kenne ich, der den Segen des roten Ampellichts als Pausenmöglichkeit entdeckt hat ... – Wen die Anregung anzieht, der kann für sich einen entsprechenden Stil finden.

26. Abendgebet – Spirituelle Tagesschau

Der Kriminalpsychologe und das Abendgebet

Der Kriminalpsychologe Thomas Müller gilt als der bekannteste Profiler Europas. Seine Arbeit besteht darin, Täterprofile zu erstellen. In einem Interview machte er eine Äußerung, die erstaunlicherweise mit dem Abendgebet zu tun hat. Wir seien beziehungsschwächer geworden und hätten unsere Wertewelt über Generationen verwässert, »vielleicht auch deshalb, weil wir immer weniger Zeit mit unseren Kindern verbringen. Wer spricht zu Hause das Abendgebet mit den Kindern? Wer zieht das Resümee über die Geschehnisse des Tages? Wer dankt mit ihnen für die guten Stunden, und wer arbeitet mit ihnen die schlechten auf?« Mit diesen wohl überraschenden Worten sind wesentliche Elemente eines Abendgebetes beschrieben:

– Wahrnehmung des Erlebens eines Tages,
– eine dankbare Beziehung zum Tagesgeschehen gewinnen,
– Bedrückendes verarbeiten,
– soweit nötig, Korrekturen und Umorientierung vornehmen,
– sich der Zukunft an der Hand Gottes anvertrauen.

Wer diese Elemente in sein Leben integriert, sie praktiziert – sollte der nicht zu einem menschenfreundlichen Menschen werden, der wach, dankbar, lernbereit ist und voll Vertrauen vertrauensvoll lebt?!

Das »Gebet auf der Bettkante«

»Ich setze mich abends immer auf das Bett und bleibe da so lange sitzen, bis ich innerlich ruhig werde!« Gebet auf der Bettkante könnte man ein solches Abendgebet nennen.

Ein Seelsorger, der viel mit jungen Erwachsenen gearbeitet hat, erzählte: »Den meisten Erfolg habe ich bei jungen Leuten, wenn ich ihnen rate: ›Schauen Sie am Abend mal durchs Fenster ins Weite, dann sagen Sie mit Nachdruck, Herr, das war jetzt der Tag heute!‹ Bleiben Sie dann zwei Minuten bei dem, was dann geschieht. Das ist Ihr Abendgebet!‹«

Ein anderes Zeugnis: »Mir hat die Vorstellung geholfen, heute wäre der letzte Tag meines Lebens. Das war ein hilfreicher geistlicher Durchbruch für mein Abendgebet.«

Die Tagesschau und »der kleine Bruder des Todes«

Abendliches Beten ist ein zutiefst natürlicher und menschlicher Vorgang: Man blickt zurück und versucht, Unverdautes zu verdauen. Übersehenes kann in den Blick kommen. Man bilanziert den Tag, kann sich mit manchem versöhnen und seinen Frieden schließen. Im Fernsehzeitalter könnte man auch sagen: Das Abendgebet ist eine Art geistlicher »Tagesschau« mit persönlichem Kommentar. Und es ist der Versuch, die »Dreiecksbeziehung: Gott – Welt – Ich« bewusst in sich aufzunehmen.

Der Schlaf als »der kleine Bruder des Todes« ist ein Akt des Vertrauens: Ich darf mich und mein Leben und mein Sorgen Gott anvertrauen; ich darf hoffen, dass in der Nacht neues Licht geboren und mir frische Lebenskraft geschenkt wird. Mein Mühen und mein Ruhen stehen unter Gottes Wort: »Wenn nicht der Herr das Haus baut, müht sich jeder umsonst, der daran baut. Wenn nicht der Herr die Stadt bewacht, wacht der Wächter umsonst. Es ist umsonst, dass ihr früh aufsteht und euch spät erst niedersetzt, um das Brot der Mühsal zu essen; denn der Herr gibt es den Seinen im Schlaf« (Ps 127).

»Müde bin ich, geh zur Ruh« – aber wann und wie?

Mit diesen Worten beginnt eines der bekanntesten kindlichen Abendgebete. Wann ist die Zeit eines abendlichen Gebets für mich? Und welche Weise entspricht mir? Es gibt verschiedene Tipps fürs Ausprobieren:

– Schau, wann für dich der richtige Zeitpunkt ist: evtl. schon bei der Rückfahrt von der Arbeit in der Straßenbahn oder als Letztes vor dem Einschlafen im Bett.
– Wenn du noch daheim oder in Telefonreichweite mit jemandem etwas klären möchtest, dann tue das womöglich gleich. »Lass die Sonne nicht über deinem Zorn untergehen!«, rät die Bibel.
– Schau dir überhaupt deine Abendgestaltung an: Passt die? Vertrödelst du zu viel Zeit am Fernseher, statt in Ruhe noch das eine oder andere aufzuräumen und zu Ende zu bringen?
– Vielleicht hilft dir ein kurzes festes Gebet oder ein Psalmvers, dich einzustimmen.
– Manche Ehepaare schauen miteinander im Gespräch auf den Tag, evtl. auch mit den Kindern. Ein schlichtes und doch besonderes Zeugnis: »Wir drü-

cken im Bett liegend einander die Hand. Dies ist die letzte und die erste Geste eines Tages.«

Ob nicht das alte Wort recht hat: »Ein gutes Gewissen ist das beste Ruhekissen«?

27. Gebet der Muße

Dass einen »die Muse« küssen müsse, damit es zum dichterischen Einfall kommt, wird gelegentlich gesagt. Dass die Muße mit scharfem »ß« geschrieben eine tragende Rolle für spirituelles Leben spielen könne, ist als Aussage weniger bekannt. Erstaunlich ist ein Wort dazu von Pater Jeronimo Nadal, einem wichtigen Mitarbeiter von Ignatius: »Denn die Sache, um die wir uns am meisten besorgen müssen, ist, dass unser Vater in Muße sei; und diese müssen wir ihm besorgen … Denn seine Muße – weil er so vertraut und vereint mit Gott ist – erhält und trägt die ganze Gesellschaft« (Memo 152). Dieses Wort lässt aufhorchen. P. Stefan Hofer SJ deutete dies einmal in einem Vortrag mit den Worten aus: »Was in den Stunden der Muße in ihm aufgeht, auflebt – Licht, Leben, Klarheit, Zuversicht –, das durchseelt die Arbeit, davon lebt sie. Mit seiner Arbeit war natürlich auch viel Lastendes, Missliches, Widerständiges verbunden, aber das erdrückte ihn nicht. Er findet dazu die innere Distanz, die Freiheit des Herzens kann ›in actione contemplativus‹ bleiben. Muße im tiefsten Sinn des Wortes ist das Einschwingen, das Ausschwingen des Herzens in der Begegnung mit Gott, ein Ausruhen, Loslassen, Überlassen.«

In einem Brief an einen kranken Mitbruder – den Kranken war er immer sehr zugetan – spricht Ignatius ausdrücklich davon, dass »geordnete äußere Erholung auch Gebet ist und Ihr damit Gott unserem Herrn gefallt« (BU 583). Seine Sorge um die Gesundheit kam auch aus seiner eigenen Erfahrung; er wusste, wie sehr körperliche Schwächen durch Überlastung und deren gesundheitliche Folgen normalerweise für den Dienst an andern hinderlich oder zumindest erschwerend sind. Etwas musisch mit Eugen Roth ausgedrückt: »Ein Mensch sagt, und ist stolz darauf, / er gehe ganz in seinen Pflichten auf. / Bald aber, nicht mehr ganz so munter, / geht er in seinen Pflichten unter.«

28. Unter freiem Himmel –
Das fünfte Evangelium

Menschen, die der Kirche und ihren Ritualen entfremdet sind, bekennen nicht selten: »Ich kann in der Natur besser beten als in der Kirche.« Kritik an den Gottesdiensten? Eine Ausrede? Oder eine echte geistliche Erfahrung? Für Ignatius Letzteres. In seinem »Bericht des Pilgers« schreibt er, den »größten Trost« habe er beim Anblick des Sternenhimmels empfunden. Auch in seiner Zeit in Rom sahen ihn die Mitbrüder immer wieder, wie er voll Andacht zu den Sternen aufschaute. Auch seine tiefste, universalste spirituelle Erfahrung machte er in Manresa, als er auf einem Weg ging, von dem er hinunter zu dem kleinen Fluss Cardoner schaute. Bei seiner Rettung aus Schiffbrüchen lernte er immer mehr aus dem Vertrauen auf Gottes Fügung zu leben.

In Exerzitien stellt sich hin und wieder die Erfahrung ein, dass die Natur eine Art Fünftes Evangelium ist. Im Blick auf den Kosmos, an die Grenzen und die Mitte des Lebens und der Welt gestellt, kann Gott in den Horizont von Fragen und Erleben rücken. Ein maßloses Staunen über das Wunder des Seins, das die geheimnisvolle Begegnung schenken kann mit dem, der als seinen Namen nennt: »Ich bin der Ich-bin-da«. Der Karmelit Lorenz von der Auferstehung erzählt am 3. August 1666 die Geschichte seiner religiösen Berührung und Umkehr mit den Worten: »In einem Winter betrachtete ich einmal einen Baum, wie er kahl und entblättert dastand, der dann im Frühling Blüten und im Herbst reife Früchte trug. Bei diesem

Anblick empfing ich einen so starken Eindruck von der Vorsehung und Allmacht Gottes, dass er sich unauslöschlich tief in meine Seele senkte.«

Biblisch, himmlisch, irdisch

Wer die Wortkonkordanz der Bibel aufschlägt, wird Hunderte von Stellen allein zum Stichwort »Himmel« finden; mit Himmel ist dabei nicht eine weltlose Wirklichkeit, eine bloße Jenseitigkeit gemeint, sondern »Himmel und Erde« sind eins im Kosmos, in der Schöpfungswirklichkeit. Im Psalm 19 wird die spirituelle Schöpfungserfahrung mit den Worten geschildert: »Die Himmel rühmen die Herrlichkeit Gottes, vom Werk seiner Hände kündet das Firmament. Ein Tag sagt es dem andern, eine Nacht tut es der andern kund, ohne Worte und ohne Reden, unhörbar bleibt ihre Stimme« (Ps 19,2–4).

Nicht selten gehört für Menschen ein Erleben in der Natur zu den tiefsten spirituellen Erfahrungen ihres Lebens. Das kann Farbe und Form einer Blume sein, die zugleich von Schönheit und Vergänglichkeit kündet. Das kann die Wahrnehmung des Universums, des Alls sein, die dem Menschen seine Endlichkeit zu Bewusstsein bringt: »Seh' ich den Himmel, das Werk deiner Finger, Mond und Sterne, die du befestigt, was ist der Mensch, dass du an ihn denkst, des Menschen Kind, dass du dich seiner annimmst? – Du hast ihn nur wenig geringer gemacht als Gott, hast ihn mit Herrlichkeit und Ehre gekrönt« (Ps 8,4–6).

Die Psalmen waren auch das Gebet Jesu. Er, der »Sohn des Zimmermanns« aus dem Dorf Nazareth, der am Ufer des Sees von Galiläa lebte, hat oft versucht, seine Botschaft mit Gleichnissen aus der Natur verständlich zu machen: Mit dem Reich Gottes ist es wie mit einem Senfkorn ..., wie mit der Schönheit der Lilien auf dem Felde ..., wie mit Körnern, die gesät werden und sterben und keimen und Frucht und Leben bringen ... Von diesem Rabbi von Nazareth kündet später auf hymnische Weise der Brief an die Kolosser: »Er ist das Ebenbild des unsichtbaren Gottes, der Erstgeborene der ganzen Schöpfung, denn in ihm wurde alles erschaffen im Himmel und auf Erden, das Sichtbare und das Unsichtbare, Throne und Herrschaften, Mächte und Gewalten, alles ist durch ihn und auf ihn hin geschaffen. Er ist vor aller Schöpfung, in ihm hat alles Bestand« (Kol 1,15–17).

29. Beten – Spazieren – Promenadologie

Tatsächlich, es gibt ihn wirklich, den Begriff »Promenadologie«. Den sich als »Spaziergangwissenschaft« definierenden Forschungszweig hat der Soziologe Lucius Burckhardt in den achtziger Jahren des letzten Jahrhunderts ins Leben gerufen. Viel sagt der Aufsatztitel »Warum ist Landschaft schön? Spaziergangwissenschaft«. Die Wissenschaft vom Spazieren untersucht Vorgänge wie die Schnelligkeit der Bewegung, die unsere Beziehung zu Landschaft und zu Menschen verändert. Es macht einen Unterschied, ob ich eine Gegend überfliege, sie mit dem Auto durchrase, mit dem Fahrrad oder joggend durcheile, im sonntäglichen Spaziergängertempo gehe oder auf der Flucht und gehetzt bin. Die Erfahrung des Geschwindigkeitsrausches ist nicht unbedingt die der Wahrnehmung von Schönheit. Der Romantitel »Die Entdeckung der Langsamkeit« und das Schlagwort von der »Entschleunigung« lassen ahnen, dass Gehen, Spazieren etwas mit Spiritualität zu tun haben können.

Im Nachgehen geht einem manches nach

Es fing mit der Nachfolge Jesu an, ganz konkret, erdig-irdisch. Menschen sind mit Jesus gegangen und hinter ihm her. Besonders Beharrliche hat man Jünger und Jüngerinnen genannt. Solche, die jeden Weg mit ihm gingen. Was blieb ihnen beim Nachgehen denn anderes übrig, als unterwegs nachzudenken, zu sinnieren? Sie konnten wie Maria »im Herzen bewegen«, was sie erlebt, gesehen und gehört hatten. Sie hatten genügend Zeit zum Meditieren zwischen Nazareth und Nain, zwischen Tiberias und Kafarnaum, auf dem See, auf Wüstenwegen und Trampelpfaden. Manchmal, so heißt es, drehte Jesus sich um: Dann konnte er fragen. »Wie geht's euch beim Gehen? Was geht in euch vor? Worüber redet ihr?« Peinlicherweise fragte er dies gerade, als sie darüber sprachen, wer welchen Rang in der Jünger-Hierarchie einnehmen solle. »Bei euch soll es nicht so sein«, war seine Reaktion. Oder er konnte stehen bleiben und sagen: »Schaut, schaut die Lilien – sind sie nicht schöner als all die Haremsdamen von Salomo zusammengenommen?!«, womit er vermutlich nicht den Haremsdamen eins auswischen, sondern die Seinen auf die Transparenz aller Dinge für Gottes Herrlichkeit hinweisen wollte. Dafür muss man aber langsam gehen. Und manchmal stehen bleiben. Schauend, den Atem anhaltend, staunend. Und da kann auch einmal in einer Stimmung die göttliche Stimme verlauten.

Wandeln, das menschliche Wandlung mit sich bringt, kann an Wegkreuzungen vor Entscheidungen stellen. Entscheidungen können zur Auseinandersetzung führen und zur Scheidung. Auf welchem Weg zu welchem Ziel? Nach Jerusalem? Ein Kreuzweg? Niemals! So Petrus. Und Jesus: Weg mit dir! Du denkst nicht Gottes Gedanken. Der Gehweg droht zum »Geh weg!« zu werden. – Die Lebenswege mit Jesus gehen: Für manche wurde der Weg mit ihm »zum neuen und lebendigen Weg« (Hebr 10,20). Und im Evangelium des Johannes heißt es: »Ich bin Weg und Wahrheit und Leben« (Joh 14,6).

Ignatius war viel unterwegs, zumeist, wie ein Buchtitel einer Biographie lautet »Allein und zu Fuß«. Vermutlich einige 10.000 Kilometer in Spanien, Frankreich, Deutschland, Italien, Palästina; unterwegs zu Pferd, auf Maultieren, Eseln, auf Schiffen und zumeist wohl zu Fuß. Durch Halbwüsten, Steppen, grünendes Land, Wälder, Täler, Hügel, Berge und Gebirge, Städte und Einsamkeiten. Müde und beschwingt. Nach seiner Knieverletzung hinkend, aber einmal – von schrecklichen Dunkelheiten und Ängsten befreit – über Felder jubelnd und tanzend. »Der kleine Spanier, der hinkt und so fröhliche Augen hat«, so charakterisierte einmal jemand seine Gangart und Wesensart. Immer wieder unterschrieb Ignatius Briefe mit »Der Pilger«. Damit will gesagt sein, dass er nicht ein Kilometersammler war, sondern ein Mensch, für den Wandern Wandlung bedeutete. Einer, der viele und so verschiedene Menschen traf, ja suchte, aber auch allein ging. Allein und zu Fuß. Allein mit dem Alleinigen. Mit seinem Gott. Solus cum solo.

Die langen Wanderungen mussten fast zwangsläufig Zeiten meditativer, kontemplativer Gestimmtheit sein: »naturale Meditation« unter dem Eindruck von wechselnden Landschaften, einsamen Plätzen, Schönheit der Vegetation, sternenklaren Nächten. Meditation als Nachsinnen über das eigene Leben, seine Vergangenheit, seine Zukunft, seine Hoffnungen. Geistliche Experimente waren es, wenn er bewusst oft ohne Gefährten seine Wege ging: Er wollte so sich ganz auf Gott verlassen und in der Liebe, im Glauben und in der Hoffnung wachsen (BP 35).

Die »normalen« Exerzitien sind äußerlich gesehen eher »stationär« – wenn man nicht gerade Wanderexerzitien oder »Exerzitien auf der Straße« macht – Exerzitienformen, die immer mehr entdeckt werden. Zumeist aber bleibt man am selben Gebetsort. Allerdings gilt auch hierfür die souveräne, oft wiederholte Regel von Ignatius: »Was je mehr hilft«. Hilfreich empfindet er schon, wenn man nach einer Gebetszeit ein wenig auf und ab geht, um über den Exerzitienweg nachzudenken. Und seine Weg-Weisung, man solle Gott in allem suchen und finden, bezieht sich ausdrücklich auch auf das Gehen: »im Sprechen, im Gehen, im Sehen …«, so schreibt er.

»Unsere Schritte zu zählen lehre uns!«

Eigentlich heißt es im Psalm 90: »Unsere Tage zu zählen lehre uns, dann gewinnen wir ein weises Herz« (Ps 90,12). Man kann dies aber gut abwandeln in die Bitte, wir mögen es lernen, unsere Schritte zu zählen. In dem Buch »Leben Christi«, das Ignatius auf dem Krankenlager las, schrieb Ludolf von Sachsen: »Verkoste mit geordneter Klugheit Schritt für Schritt jeden Tag.« Wie kann so etwas aussehen und geschehen?

– Man kann bei einem Spaziergang herauszufinden versuchen, indem man überschnell und zu langsam geht: Was ist mein eigenes, passendes Tempo? Wie steht es im Alltag mit meinem Tempo? Wie ist es beeinflusst vom Rhythmus anderer?
– Man kann – ohne groß nachzudenken – langsam so viele Schritte gehen, wie man Jahre zählt. Dabei noch einige Vorschritte machen, die – im Leben der Eltern – auf das eigene Leben zuführten, und dann

noch so viele gehen, wie man nach dem Durchschnittsalter, so zwischen 82 und 90 Jahren, noch lebt: Welche Gedanken, Gefühle, Empfindungen stellen sich ein, wenn ich so die Länge meines Lebens behutsam abschreite? Aus einer Unendlichkeit in eine Unendlichkeit inmitten der Endlichkeit.

– Man kann auch bei dem einen oder andern Jahr etwas länger verweilen im Sinn einer Lebensbetrachtung, die auf besondere Wegkreuzungen, prägende Ereignisse und Entscheidungen schaut. Wie geht es mir? Wie wird es weitergehen? Und wie geht es mir, wenn ich mich meditierend auf die letzte Wegstrecke einlasse? Ignatius lädt immer wieder ein, konkrete Wegentscheidungen von diesem letzten Wegstück her zu betrachten: Wie möchte ich da gehandelt haben? Was möchte ich in meinem Nachruf stehen haben? – Steve Jobs, der früh verstorbene Gründer des Weltkonzerns Apple, sagte einmal in einem Vortrag vor Studenten: »Der Tod ist die beste Erfindung des Lebens.« Er sagte dies, weil ihn eine lebensbedrohliche Krankheit vieles über das Leben gelehrt hatte.

Jean Pascal schreibt einmal, es gebe kein Problem, das sich nicht im Gehen löse. Das ist wohl ein wenig übertrieben, aber es liegt auch eine Wahrheit darin: Geh, es wird schon gehen!

30. Eucharistie –
Danken als Quelle alles Guten

Sich im Danken verdankt wissen

In Exerzitien wird oft täglich die Eucharistie gefeiert und nicht selten sagen die Teilnehmenden, dass sie eine Vertiefung und neue Beziehung zu diesem Geschehen gewonnen haben. Im Exerzitienbuch selber wird die Messe nicht als eigene Weise des Gebetes vorgestellt, obgleich sie für Ignatius ein Lebenselement war: In der Zeit seiner geistlichen Umorientierung und danach besuchte, »hörte« er die Messe, sooft er konnte. Er las dabei oft die Passionsgeschichte.

Es ist nicht uninteressant zu sehen, dass die Eucharistie, der Weg Christi nach den Evangelien und der Exerzitienweg fast parallelisiert werden können: Der Eintritt Jesu in die Welt, der Ruf zur Umkehr, die Verkündigung des Wortes, die Kämpfe, das Sterben und die Auferstehung finden ihre Entsprechung in der Eucharistie im Teil der Umkehr, im Wortgottesdienst, in der Opferung, der Wandlung und der Kommunion. Auf dem Exerzitienweg geht es im ersten Teil um die Befreiung von der Sünde zur Liebe, auf dem Weiterweg um die Begegnung mit Jesus und seiner Botschaft, dann die Hingabe bis in den Tod und die Auferstehungsbetrachtungen bis zur »Meditation, um Liebe zu erlangen«.

Ignatius hatte oft starke innere Erfahrungen in der Messfeier, und es war für ihn »ganz eindeutig dies, dass er sah, wie Jesus Christus, unser Herr, im allerheiligsten Sakrament gegenwärtig ist« (EB 29). Diese Nähe zu Christus war für ihn und auch seine Entscheidungen so wichtig, dass er oft ein Schriftstück mit dem Stand der Entscheidung auf den Altar legte. Man könnte sagen: Er wollte prüfen, ob die angezielte Entscheidung dem Geschehen der Eucharistie standhält oder seine Fragwürdigkeit zeigt, seine Farbe verliert. Auf diesem Hintergrund ist seine Einladung zur häufigen Teilnahme an der Eucharistie verständlich: »Loben wir … den Empfang des Allerheiligsten Sakramentes einmal im Jahr und viel mehr noch jeden Monat und viel besser noch alle acht Tage« (EB 354). Die Feier der Eucharistie bedeutete für ihn spirituell das »Geheimnis des Glaubens« zu durchleben und in Kommunion, in Gemeinschaft mit Gott zu treten. Seine Danksagung nach der Messe dauert manchmal länger als die Feier selber. Er, der oft auch auf Bildern im Priestergewand dargestellt wird, schrieb einmal, er glaube, dass die Quelle alles Guten die Dankbarkeit sei und die Quelle alles Übels die Undankbarkeit. Dieses Geheimnis glückenden Lebens hat er jeden Tag gefeiert. Eucharistie heißt und ist Danksagung. Und von diesem Geschehen schreibt er: »Er setzte das heiligste Opfer der Eucharistie ein als größtes Zeichen seiner Liebe, indem er sagte: Nehmt und esst!« (EB 289).

31. Die Liebe besteht im Kommunizieren

Die Umschreibung von Liebe am Ende der Exerzitien durch Ignatius gewinnt noch an Profil, wenn man sie auf Spanisch liest: »El amor consiste en comunicación de las dos partes« (EB 231): Die Liebe besteht im Kommunizieren. Dies gilt für Ignatius universal: Der Empfang der Hostie und des Weines ist Kommunizieren; im Beten kommuniziert der Mensch mit Gott und Gott kommuniziert sich (span. se comunique, EB 15), den Menschen umfangend, umarmend (abrazándola) im Lieben; Gespräch ist nichts anderes als Kommunikation; Kirche ist eine communio-Gemeinschaft. Das Wort Dialog – für viele ein großes Hoffnungswort, für manche Inbegriff des Überdrusses – benutzt Ignatius nicht und ist doch zutiefst davon betroffen, dass der »Logos« Gottes zum gottmenschlichen »Dia-log« geworden ist. Und das *Wort* ist Gespräch geworden im Schweigen, Hören, Antworten.

Die Fruchtbarkeit der Exerzitien beruht nicht wenig darauf, dass Ignatius ihr das Vorzeichen der Bemühung um gutes, sozusagen exemplarisches Kommunizieren gibt. Eines von vielen Zeugnissen dafür: »Damit sowohl der, der die geistlichen Übungen gibt, wie der, der sie empfängt, mehr Hilfe und Nutzen haben, ist vorauszusetzen, dass jeder gute Christ bereitwilliger sein muss, die Aussagen des Nächsten zu retten, als sie zu verurteilen; und wenn er sie nicht retten kann, erkundige er sich, wie jener sie versteht, und versteht jener sie schlecht, so verbessere er ihn mit Liebe; und wenn das nicht genügt, suche er alle angebrachten

Mittel, damit jener, indem er sie gut versteht, sich rette« (EB 22).

Der Meister der Exerzitien ist auch ein Könner und Lehrer der Kommunikation. Genannt sei als Beleg dafür nur die eine, die »goldene Regel des Kommunizierens«. Sie stammt aus einem Schreiben von Ignatius an drei Jesuiten, die er 1546 auf das Konzil von Trient schickte: »Ich wäre langsam im Sprechen, indem ich das Hören für mich nutze; ruhig, um die Auffassungen, Gefühle und den Willen derjenigen, die sprechen, zu verspüren und kennenzulernen, um besser zu antworten oder zu schweigen« (BU 112).

Jedes Wort wäre Stoff für eine Seminareinheit in einem Kommunikationskurs. Stattdessen nur die Verbindung mit der Mystik des Alltags: Das Gespräch ist ein vorrangiger Ort, Gott zu suchen und zu finden in allem. Im Hören, Schweigen, Antworten, im Mitteilen und im Teilen. »Teilung wird überwunden nur durch Teilen« (Lothar de Maizière). – »Selbstmitteilung« ist das Wort von Karl Rahner, das er verwendet, um das Geheimnis der Menschwerdung Gottes in Christus und den Gotteskontakt zu beschreiben. Ihn, diesen Gott, hat Ignatius ersehnt und verspürt im Experiment seines Lebens. Ohne ihn glaubte er nicht leben zu können.

In der Reihe **Ignatianische Impulse** sind bisher erschienen:

Weitere Informationen zu den Bänden der Reihe finden Sie unter www.echter-verlag.de